NORD SEE KÜS TE

SCHLESWIG-HOLSTEIN

INSIDER-TIPP
Deine Abkürzung ins Erleben!

Reisen mit MARCO POLO Insider-Tipps

MARCO POLO TOP-HIGHLIGHTS

NOLDE-MUSEUM ★1

Der Bau, die Bilder und die Blumen des Emil Hansen aus Nolde – in Seebüll sind sie zu sehen

📷 *Tipp: Von der Warft mit dem großen Hof gegenüber vom Museum hast du den besten Blick über Noldes Landschaft*

➤ S. 44, Der Norden

TØNDER (TONDERN) ★2

Schnell mal über die Grenze, in ein anderes Land. Kunst gucken, „danske Design" kaufen und Kuchen essen im Königreich

➤ S. 47, Der Norden

FRIEDRICHSTADT ★3

Kähne voller Ausflügler schippern auf von Weiden gesäumten Grachten, bunte Giebelhäuser stehen an kopfsteingepflasterten Gassen – Holland lässt grüßen (Foto)

➤ S. 83, Eiderstedt

STRAND ST. PETER-ORDING ★4

Wandern, Baden, Reiten, Strandsegeln, Futtern in Pfahlbauten – am 12 km langen sandigen Tummelplatz geht vieles

📷 *Tipp: Durch die Eichenstämme eines Pfahlbaus aufs Meer fotografieren, am besten bei Sonnenuntergang*

➤ S. 74, Eiderstedt

LEUCHTTURM WESTERHEVERSAND ★5

Das Wahrzeichen der Küste wirbt für das Land, lockt Brautpaare und Wanderer auf der Suche nach dem ultimativen Weitblick

📷 *Tipp: Eine sehr schöne Ansicht hast du von der sogenannten Schafsburg südöstlich vom Leuchtturm*

➤ S. 76, Eiderstedt

MULTIMAR WATTFORUM 6

Sehen. Fühlen. Tasten. In Tönning das Wattenmeer entdecken, die Größe von Walen erfahren, dem Kabeljau ins Auge schauen

➤ S. 80, Eiderstedt

BRUNSBÜTTELER SCHLEUSEN 7

Maßarbeit für große Schiffe, Spannung für Zuschauer: Das Westende des Nord-Ostsee-Kanals ist das Nadelöhr zur Nordsee

Tipp: Die ein- und ausfahrenden Schiffe von Bord der Kanalfähre aus ablichten

➤ S. 103, Dithmarschen

SEEHUNDSTATION FRIEDRICHSKOOG 9

Zuflucht und Erste Hilfe für Heuler, die Waisenkinder des Wattenmeers, und Infostelle über Seehunde und Kegelrobben, deren langnasige Verwandten

➤ S. 101, Dithmarschen

KUTTERHAFEN BÜSUM 8

Bunte Fischkutter, frische Krabben, kreischende Möwen: In Büsum kommt der Reichtum des Meeres an Land

Tipp: Hier sind Details spannend: bunte Netzbojen, Flaggen, geschnitzte Schiffsnamen, Fische und Krabben

➤ S. 90, Dithmarschen

MELDORFER DOM 10

St. Johannis in Meldorf zeugt – weithin sichtbar – vom Reichtum der alten Bauernrepublik Dithmarschen

Tipp: Draußen auf dem Mäuerchen sitzen – Kamera in die Höhe – ein paar Dohlen umkreisen den Turm – klick!

➤ S. 97, Dithmarschen

INHALT

DER NORDEN
HUSUM & DIE HUSUMER BUCHT
EIDERSTEDT
DITHMARSCHEN

◷	Besuch planen	🍴	Essen/Trinken
€–€€€	Preiskategorien		Shoppen
(*)	Kostenpflichtige Telefonnummer	🍸	Ausgehen
			Top-Strände

(🗺 A2) Herausnehmbare Faltkarte
(🗺 a2) Zusatzkarte auf der Faltkarte
(0) Außerhalb des Faltkartenausschnitts

BESSER PLANEN MEHR ERLEBEN!

Digitale Extras
go.marcopolo.de/app/nsh

DAS BESTE ZUERST

13 Pfahlbauten verteilen sich über den Strand von St. Peter-Ording

BEST OF BEI REGEN

SCHÖN, AUCH WENN ES REGNET

EINTAUCHEN IN MEERESWELTEN

So was wie das *Multimar Wattforum* (Foto) in Tönning mit seinen 37 Aquarien und den Walskeletten gibt's nicht noch mal an der Nordseeküste. Unbedingt anschauen – nicht nur, wenn das Wasser von oben kommt

➤ S. 80, Eiderstedt

IM SCHOSS VON MUTTER KIRCHE

Wenn der Wind den Regen mal wieder waagerecht über den Südermarkt treibt, kannst du Schutz im *Meldorfer Dom* suchen und dort die mittelalterlichen Malereien bewundern

➤ S. 97, Dithmarschen

DET GAMLE APOTEK

Julius, ein dänischer Weihnachtswichtel, und seine 58-köpfige Familie residieren ganzjährig im Keller der *Alten Apotheke* in Tønder. Doch in dem kleinen Einkaufsparadies gibt es noch viel, viel mehr …

➤ S. 47, Der Norden

ZEITREISE VOR DER LEINWAND

Filme gucken wie in den 1970ern: In *Eck's Kino* in Niebüll werden zum 3-D-Blockbuster oder Independent-Film Speisen und Getränke am Platz serviert

➤ S. 43, Der Norden

EIN TAG IM VIERKANT

Erst ins Museum und dann ins vorzügliche Restaurant. Oder umgekehrt? Egal wie – im *Roten Haubarg* auf Eiderstedt kannst du ein paar Stunden Regen bequem aussitzen

➤ S. 83, Eiderstedt

BUNTER BUMMEL IN GRAUER STADT

Husum bei Regen ist natürlich genauso grau wie andere Städte, aber ein Bummel durch seine Museen ist extrem abwechslungsreich, z. B. durchs *Schifffahrtsmuseum* oder *Weihnachtshaus*

➤ S. 59, 60, Husum & die Hus. Bucht

BEST OF
LOW-BUDGET

FÜR DEN KLEINEN GELDBEUTEL

RUHE SUCHEN UND FINDEN
Im verträumten Dorf *Büsumer Deichhausen* kannst du Urlaub ohne Kurkarte machen, in idyllisch-ruhigen Pensionen gleich hinterm Deich
➤ S. 93, Dithmarschen

BADEN OHNE KURKARTE
In der Nordsee baden, ohne Kurtaxe oder Nutzungsgebühr zu bezahlen, kannst du z. B. in der gesamten Husumer Bucht. In der *Niebüller Wehle* und in *Südwesthörn* wird nur mittels Spendenbox um einen Beitrag zum Erhalt der Bade-Infrastruktur gebeten
➤ S. 43, 44, Der Norden

DON'T PAY THE FERRYMAN
Die Passagen über den Nord-Ostsee-Kanal sind umsonst. Und es gibt Menschen, die nehmen Proviant mit und fahren stundenlang mit der *Fähre* hin und her, gucken Autos, Leute und natürlich Schiffe. Besonders idyllisch: die Fähren bei Burg und Kudensee

HAPPY HOURS IM HAFEN
In Büsum, Husum und Tönning gehören sie zu den Höhepunkten des Hochsommers: die *Hafenfeste* mit Musik, Schiffsbesichtigungen und – in Büsum – Kutterregatta. Du zahlst keinen Eintritt und kannst mit etwas Glück sogar umsonst mitschippern
➤ S. 127, Gut zu wissen

WATTWISSEN FÜR JEDERMANN
Aquarien, Dioramen, Filme – die *Nationalpark- und Infozentren* sind kleine Naturkundemuseen und die besten Anlaufstellen, um mehr über die Natur an und vor der Küste zu erfahren. Für eine Spende ist man dankbar
➤ S. 108, Das Wattenmeer

EIN SOMMER AM STRAND
Von Gymnastik bis Fitness: Jede Menge Action aller Art bekommst du gratis am *Strand von St. Peter-Ording* geboten (Foto)
➤ S. 76, Eiderstedt

BEST OF

MIT KINDERN

SPANNENDES FÜR GROSS & KLEIN

PONYS REITEN UND LÄMMCHEN KNUDDELN

Ponyreiten, „Schafsafari“, „Jahreszeitenwerkstatt“ und Tiere überall: Das Angebot für Kinder in der *Schäferei Rolfs* gleich hinterm Nordseedeich ist riesig – mit etwas Glück können sie hier sogar die Geburt eines Lämmchens erleben!

➤ S. 93, Dithmarschen

ABENTEUERLICHE ZEITREISE

Wiiiilma!!! Mal sehen, wie Fred Feuerstein und Barney Geröllheimer gelebt haben – das geht im *Steinzeitpark Dithmarschen.* Die ganze Saison über gibt es spannende Aktionen wie den „Besuch des Steinzeitjägers“

➤ S. 96, Dithmarschen

MAL SEH’N, WAS PAPA DRAUFHAT …

Papa tritt in die Pedale, und der Rest der Familie lässt ihn schwitzen: Zwischen Marne und St. Michaelisdonn haben clevere Kids die Möglichkeit, Papas Fitness bei einer *Draisinenfahrt* zu testen

➤ S. 100, Dithmarschen

WAS IST DENN EIN „HEULER“?

Seehunde hautnah beobachten. Damit Jungtiere nicht gestört werden, sind Kameras installiert. Im Infozentrum „Seehund“ der Seehundstation Friedrichskoog und im Sinnestunnel können die Kids Forscher spielen und (beinahe) selbst zur Robbe werden

➤ S. 101, Dithmarschen

WALDLÄUFER, NATURFORSCHER, ABENTEURER

Vögel beim Brüten beobachten, Tierstimmen erkennen oder erfahren, wie man das Alter eines Baums feststellt und welche Pilze man nicht essen sollte. Zum Lernen gibt’s im *Waldmuseum* in Burg auch einen Waldlehrpfad, zum Toben einen Abenteuerspielplatz

➤ S. 101, Dithmarschen

BEST OF

TYPISCH

DAS ERLEBST DU NUR HIER

WUNDERWELT WATT

Bei einer – geführten – *Wanderung im Weltnaturerbe Wattenmeer,* z. B. auf dem Weg zwischen Nordstrand und der Hallig Südfall, spürst du bis in die Fußsohlen, warum dieses Ökosystem so schützenswert ist

➤ S. 69, Husum & die Hus. Bucht

FISCHER, BAUERN, KAPITÄNE

An der Küste ist man stolz auf das, was man dem Meer abgerungen hat – und was man ihm verdankt. Das *Nordfriesland-Museum – Nissenhaus* in Husum zeigt effektvoll, was die Identität der Küstenbewohner ausmacht

➤ S. 58, Husum & die Hus. Bucht

DICKE PÖTTE GANZ NAH

An den *Brunsbütteler Schleusen* kannst du locker einen Tag verbummeln, ohne dass dir langweilig wird: von oben auf die Schiffe in den Schleusenkammern schauen, aus den Restaurants am Kanal die Segler in der Marina beobachten, mit der Fähre übersetzen und am Elbufer die Sonne genießen

➤ S. 103, Dithmarschen

WENN DIE KÜSTE IN FLAMMEN STEHT

Beeindruckend sind die *Biikefeuer*, mit denen die Küstenbewohner am 21. Februar den Winter vertreiben. Stell dich einfach dazu und schlemm mit: Es gibt Hochprozentiges zu trinken und, wenn die Feuer halbwegs runtergebrannt sind, Grünkohl satt

➤ S. 21, So tickt die Nordseeküste

WENIG WASSER UNTERM KIEL

Seehunde auf den Sandbänken beobachten, Krabben fangen, eine Hallig besuchen oder sich einfach den Wind um die Nase wehen lassen – von allen Häfen an der Küste legen Kutter (Foto) und Ausflugsdampfer zu einer *Fahrt durchs Wattenmeer* ab

➤ S. 115, Das Wattenmeer

SO TICKT DIE NORDSEEKÜSTE

Laufen geht aber auch …

em Fahrrad zur Hamburger-Hallig

ENTDECKE DIE NORDSEEKÜSTE

Wind und Weite – davon gibt es auf den Halligen immer genug

Als Erstes ist da der Wind: Er lässt die Bäume gen Osten wachsen und verpasst den Büschen eine Sturmfrisur. Meist bläst er aus Westen; mal aus Nordwest, mal kommt er aus Südwest, der „Schietecke", denn von dort bringt er Wolken und Regen mit. Weht er aus Osten, plätschert das Meer leise vor sich hin und die Menschen an der Küste fühlen sich „dösig" im Kopf.

KAMPF GEGEN DIE NATURGEWALTEN

Doch ohne Wind ist die Welt an der Nordsee nicht in Ordnung. Er ist hier zu Hause; oft lässt er das Meer „kabbelig" werden, wie die Seeleute sagen: Dann türmen sich die Wellen auf, stürzen in sich zusammen, ihre Kämme brechen, die Gischt schäumt, und die Wassermassen werden mit aller Macht gegen das Land

Um 1200 Die Friesen bauen die ersten Deiche, um ihr Land zu sichern

1362 „Große Mandränke": Über 10 000 Menschen ertrinken. Eiderstedt entsteht

1500 Schlacht von Hemmingstedt. Dithmarscher Bauern besiegen die Dänen

1634 Die Burchardiflut zerstört die Insel Strand. Pellworm und Nordstrand entstehen, über 80 000 Menschen sterben

1895 Eröffnung des Kaiser-Wilhelm-Kanals (Nord-Ostsee-Kanals)

gedrückt. Schon immer hieß es für die Menschen im Westen Schleswig-Holsteins, Wind und Wasser zu widerstehen, den Naturgewalten die Stirn zu bieten. Ihre Devise und zugleich ihr Schicksal: „Wer nicht will deichen, muss weichen."

WASSERWILDNIS VOR DEM DEICH, FRUCHTBARES LAND DAHINTER

Rund 300 km lang ist die Deichlinie, die die Landschaft in zwei Teile teilt. Binnen, auf der Landseite, zerschneiden Gräben und Sielzüge das Marschland. Ein ausgeklügeltes Kanalsystem sorgt dafür, dass niemand nasse Füße bekommt. Buten, auf der Seeseite, müht sich der Mensch, das Meer zu zähmen. Seit Jahrhunderten rammt er Pfähle ins Watt, schüttet Erdhaufen auf, zieht Gräben, heute wird auch asphaltiert und betoniert – allein um der stürmischen See, dem „Blanken Hans", zu trotzen. Ein Blick auf alte Landkarten zeigt, wie viel Land sich das Meer in den vergangenen Jahrhunderten geholt hat. So ist die heutige Nordseeküste mit den Inseln und Halligen ein Ergebnis vergangener Katastrophen! Nur dank des intensiven Küstenschutzes hatte das Meer in den letzten Jahrzehnten kaum eine Chance, sich noch mehr Land einzuverleiben. Die „Landschaft" vor dem Deich ist wahrlich schützenswert: Das Wattenmeer, das sich von Holland bis nach Dänemark erstreckt, ist neben den Alpen das letzte flächendeckende Wildnisgebiet Europas. Es bietet 250 Tierarten Lebensraum, die nur hier vorkommen; im Watt und auf den Salzwiesen entlang der Küste rasten auf dem Zug im Frühjahr und Spätsommer bis zu 12 Mio. Wat- und Wasservögel.

1927 Der Hindenburgdamm nach Sylt wird eingeweiht

1985 Gründung des Nationalparks „Schleswig-Holsteinisches Wattenmeer"

2009 Das schleswig-holsteinische Wattenmeer wird Weltnaturerbe

2015 Baubeginn der fünften Kanalschleuse in Brunsbüttel (Fertigstellung 2024)

2018–22 Rücksetzung einiger Pfahlbauten in St. Peter-Ording wegen des ansteigenden Meeresspiegels

WELTNATURERBE WATTENMEER, WINDENERGIE, WELLNESSURLAUB

Knapp 300 000 Menschen sind an an der Westküste Schleswig-Holsteins zu Hause, südlich der Eider leben die Dithmarscher (133 500), nördlich die Nordfriesen (165 000). Und bis vor gar nicht so langer Zeit war der gesamte Küstenstrich zwischen Elbmündung und deutsch-dänischer Grenze strukturschwaches Gebiet, wie Politiker es nennen. Wurden die Arbeitslosenzahlen bekannt gegeben, stand die Westküste regelmäßig an der Spitze. Doch das ist nun vorbei, auch dank der staatlichen Subventionierung der erneuerbaren Energien: Viele Erben von Hof und Acker investierten in Biogas-, Solar- und vor allem Windkraftanlagen und sehen hinter dem Deich nun wieder eine Zukunft. Andere, die lieber von Getreide und Gemüse, Schafen und Kühen leben, stellen auf ökologische Landwirtschaft um, bauen einen Stall zum Café aus und die Scheune zu Ferienwohnungen und freuen sich auf Gäste. Denn Dithmarscher und Nordfriesen haben gelernt: Mit Welle, Wind und Watt allein können sie die Urlauber nicht glücklich machen. Zwar ist die Küste lang, doch Sandstrände gibt es kaum, und schließlich sollen die Gäste auch bei Tiefdruck nicht Trübsal blasen. Und so bieten die Küstenorte eine umfangreiche Palette an Sport, Wellness und Spaß für die ganze Familie. Zu Fuß, mit dem Rad oder an Bord eines Schiffs können Urlauber die faszinierende Welt des Nationalparks Wattenmeer kennenlernen. Auch hat inzwischen nahezu jeder Ort an der Küste sein Museum: Multimediale, alles andere als trockene Inszenierungen vermitteln Wissenswertes über die Geschichte der Küstenregion und das Leben vor und hinter dem Nordseedeich. Wegen alldem wollen immer mehr Menschen das Land vor und hinter den Deichen entdecken; die Urlauberzahlen steigen Jahr für Jahr. Die Erhebung des Wattenmeers zum Weltnaturerbe leistet einen weiteren wichtigen Beitrag dazu – und bietet den Verantwortlichen zudem die Chance zu beweisen, dass sie das Konzept der Nachhaltigkeit gerade bei einem so sensiblen Ökosystem wie dem Wattenmeer umzusetzen verstehen.

PRIMA KLIMA – ZU JEDER JAHRESZEIT

„Es gibt kein schlechtes Wetter, nur die falsche Kleidung!" Dieser, zugegeben, etwas kesse Spruch soll Sonnensüchtige trösten, wenn beim Blick aus dem Fenster mal wieder „Schietwetter" aufzieht. Kein Trost? Nun, vielleicht vertreibt ja die Statistik die letzten Zweifel am Nordseewetter: Von Juni bis August gibt es schlechtestenfalls zehn Regentage im Monat. Die Sonne scheint sieben bis neun Stunden am Tag (!), und die Nordsee erwärmt sich auf erfrischende 20–22 Grad. Doch den wahren Nordseefan schert die Wetterkarte ohnehin nicht. Er kommt auch im Herbst, Winter oder im Frühjahr, holt sich statt eines Sonnenbrands eine kalte Nase, schwört auf das gesunde Reizklima und schwärmt von der Ruhe. Und wenn du abends auf dem Deich der untergehenden Sonne zusiehst, wie sie Himmel und Nordsee in flammende Farben taucht – dann ist dir die Jahreszeit ganz egal. Garantiert.

AUF EINEN BLICK

138.000
Menschen

nahmen 2017 an Wattführungen vor der Nordseeküste teil

28.797
Schiffe befuhren 2019 den Nord-Ostsee-Kanal

Suezkanal: 17.000 Schiffe

2–3
Schüler

besuchen Deutschlands kleinste Schule auf Nordstrandischmoor

W:O:A
Weltgrößtes Heavy-Metal-Festival mit 75.000 Besuchern

Rock am Ring: 70.000 Besucher

LÄNGSTER STRAND: ST. PETER-ORDING

12 KM

Timmendorfer Strand (Ostsee): 6,5 km

KÜSTENLÄNGE (OHNE INSELN):

202 KM

Ostseeküste Schleswig-Holstein: 328 km

TIEFSTE LANDSTELLE DEUTSCHLANDS

3,54 M
unter Normalnull

zwischen Burg und Wilster

5 SPRACHEN

In Risum-Lindholm (3800 Ew.) spricht man Deutsch, Plattdeutsch, Friesisch, Dänisch und Sønderjysk (Jütisch)

HUSUM

Größte Stadt mit 23.000 Einwohnern

KÖNIG VON DEUTSCHLAND
Rio Reiser lebte zuletzt und starb in Fresenhagen

2 UNESCO-WELTERBE
Wattenmeer und Biikebrennen

DIE NORDSEEKÜSTE VERSTEHEN

BAHNWIESER & BLINDSTECHER

Wenn Gruppen von Männern über die Wiesen stapfen und ab und an mit weit ausholenden Bewegungen eine Kugel (meist aus Kunststoff, 10–12 cm Durchmesser, ca. 1 kg Gewicht) durchs Gelände pfeffern, dann ist das nicht die friesische Variante der Hasenjagd, sondern ein Boßelwettkampf. Boßeln ist bei den Friesen das, was bei den Schweizern das Schwingen ist – ein Sport mit Kultcharakter und langer Tradition. Sieger ist das Boßelteam, das mit möglichst wenigen Würfen eine festgelegte Strecke bewältigt. Und der „Bahnwieser" ist ein Mitspieler, der die Wurfrichtung anzeigt – besonders bei Nebel oder Starkregen ein wichtiger Job. *vshb.de*

Nicht weniger seltsam, aber viel zuschauerfreundlicher ist das Ringreiten. Dabei müssen moderne Ritter hoch zu Ross mit einer 2 m langen Lanze an einem Gerüst aufgehängte Ringe verschiedener Größen (von 25 mm bis hinunter zu 12 mm Durchmesser!) aufspießen – und zwar mehr oder weniger im Galopp. Turniere in dieser Disziplin gibt es im Sommer in ganz Nordfriesland, wobei der jeweils

Bei starkem Wind brauchst du für einen Wattspaziergang auch Standfestigkeit

schlechteste Turnierteilnehmer mit dem schönen Titel „Blindstecher" belegt wird. *ringreiten.de*

DER BLANKE HANS

Selbst im – ja immer zu kurzen – Sommerurlaub wirst du es mitbekommen: Nichts bestimmt das Leben an der Küste mehr als der Wind und das Meer, als der ewig gleiche Wechsel zwischen Ebbe und Flut, den Gezeiten. Abhängig von den gerade herrschenden Anziehungskräften zwischen Sonne, Mond und Erde steigt der Wasserspiegel etwa sechs Stunden lang (Flut), um dann in etwa weiteren sechs Stunden wieder zu fallen (Ebbe) – diesen Rhythmus (im Schnitt sind es 12:25 Stunden) nennt man Tide. Hochwasser gibt's also im Verlauf eines Tages zweimal – was übrigens nicht bedeutet, dass das Festland oder gar die Deiche überflutet werden: Damit das passiert, muss ordentlich westlicher Wind dazukommen, und dann handelt es sich um eine Sturmflut, von den Friesen „Blanker Hans" genannt. Bei Hochwasser steht z. B. im Husumer Hafen das Wasser ca. 4 m höher als bei Niedrigwasser – das nennt man Tidenhub. Niedrigwasser gibt's folglich auch täglich zweimal, dann liegt das Wattenmeer vorm Deich beinahe trocken da. Nur die Priele – tiefe, oft auch breite Rinnen im Watt mit starker Strömung – führen dann noch Wasser.

ENERGIESPARGEL

Auf dem Weg in dein Feriendomizil siehst du sie – die von der bäuerlichen Bevölkerung sinnigerweise „Energiespargel" genannten Windräder. Besonders auf dem Weg nach Büsum und Friedrichskoog, beiderseits der B 5 auf der Höhe von Bredstedt und an der Straße nach Dagebüll ist die Landschaft ziemlich verspargelt. Hier wird besonders deutlich, warum Schleswig-Holstein Weltmeister bei der Windenergie ist und seinen Stromverbrauch zu 100 Prozent aus erneuerbaren Energien deckt. Ein paar nackte Zahlen belegen das: 3150 Windräder drehen sich zwischen Nord- und Ostsee; 2025 sollen es 3600 sein. Bund und Land subventionieren den Bau; die Bauern, die das Land besitzen, machen ein gutes Geschäft. Für mehr Akzeptanz bei Bürgern und Gemeinden sorgen Landesregierung und Investoren auch dadurch, dass man sie zu Anteilseignern der „Windparks" macht. Längst aber ist Widerstand gegen die fortschreitende Verspargelung der Landschaft gewachsen, und die Landesregierung hat 2018 Verordnungen erlassen, um den Wildwuchs der Windmühlen einzudämmen. Und noch eine gute Nachricht: In den Urlaubsgebieten selbst nervt kein Windrad – hier erfreuen noch hübsche alte Windmühlen das Auge.

FISCH TO GO

An der Küste das Nonplusultra, was den schnellen Snack betrifft: das Fischbrötchen. Grundzutaten: ein knuspriges Brötchen und ein Stück frischer Fisch (geräuchert, eingelegt oder in Panade gebraten) – mehr ist eigentlich nicht nötig. Damit aus „Fisch, frisch auf die Hand" nicht Fisch auf der Hand oder im Sand wird, schneidet

Die wolligen Deichpfleger sind unermüdlich im Einsatz

man das Brötchen nicht komplett auf. Alles mögliche Fischige wird so zwischen die Brötchenhälften geklemmt, vorne liegen aber Matjes, Bismarck- oder Brathering, dicht gefolgt von Krabben und Räucherlachs. Mal mit Salatblatt oder Zwiebelringen, mal ohne. Auch mit Remouladen- oder Joghurtsauce. Apropos Sauce: Unverzichtbar für den unfallfreien Biss ins Brötchen ist dann eine Packung Papiertaschentücher – die mitgelieferte Serviette ist schnell nur noch ein feuchter Fetzen.

HINTERM DEICH

Die Kunst des Deichbaus brachten um das Jahr 1000 Friesen aus dem Gebiet der Rheinmündung ins Land – die Holländer haben's erfunden, könnte man sagen. Ein moderner Deich ist bis zu 8,70 m hoch und hat einen Sandkern mit einer Decke aus fettem Marschboden. Um das Deichgrün kümmern sich vierbeinige Helfer: Schafe halten das Gras kurz und verdichten den Boden, sodass Maulwürfe und Mäuse kaum eine Chance haben, im Deich herumzuwühlen. Eingedeichtes Marschland nennt man Koog. Einen guten Eindruck eines Koogs bekommst du auf der Fahrt nach Dagebüll durch den Hauke-Haien-Koog: auf der einen Seite der schafbestandene Deich, auf der anderen gehen im und am Wasser Hunderte, oft Tausende von Vögeln ihren Geschäften nach. Dahinter liegen große Bauernhöfe. Früher deichte man ein, um Ackerland zu gewinnen, heutzutage dienen neue Deiche und Köge ausschließlich dem Küstenschutz.

HURRA, ES BRENNT!

Wenn es am 21. Februar dunkel wird, lodern überall an der Küste große Feuer: Die Biiken brennen. Während die riesigen Haufen (*Biiki* = Seezeichen) aus Gestrüpp, Weihnachtsbäumen und Altholz langsam niederbrennen, werden geistige Getränke gereicht und flammende Reden gehalten, meist auf Plattdeutsch. Danach geht es zum gemeinschaftlichen Grünkohlessen. Der Ursprung des Festes ist ein heidnischer: Das ⚑ Biikebrennen sollte böse Geister vertreiben und die neue Saat beschützen. Heutzutage ist der uralte Brauch – er gehört zum immateriellen Unesco-Weltkulturerbe – auch ein touristisches Event, und mitten im Februar ist für ein paar Tage Hochsaison.

KLÖNSCHNACK

Was du auf dem Markt oder beim Bäcker vielleicht nicht verstehst, ist oft ein Gemisch aus vielen Sprachen. Dazu muss man wissen, dass in Schleswig-Holstein fünf Sprachen gesprochen werden: die Standardsprachen Hochdeutsch und Reichsdänisch und die Volkssprachen Niederdeutsch (Plattdeutsch, kurz: Platt), Friesisch und Jütisch. Oft reicht das Sprachengewirr bis in die Familien hinein. Die Großeltern sprechen Friesisch oder Jütisch, unterhalten sich mit ihren Kindern aber auf Platt. Diese wiederum sprechen mit ihren Kindern, den Enkeln, Hochdeutsch.

Man schätzt, dass noch etwa 10 000 Nordfriesen die Sprache ihrer Vorfahren beherrschen, wobei es auf Inseln und Festland mehrere unterschiedli-

KLISCHEE KISTE

MAULFAULE MENSCHEN

Es stimmt, an der Küste gilt man vielfach schon als sabbelig, wenn man mit „Moin, moin" statt mit „Moin" grüßt. Aber mal ehrlich: Moin genügt doch auch! Viele Dithmarscher und Nordfriesen sind wirklich eher wortkarg, zugegeben, und wirken auf den ersten Blick oft gnatterig. Doch wie so häufig im Leben: Der erste Eindruck täuscht. Kommt man mit ihnen ins Gespräch oder braucht man Hilfe, sind sie meist dermaßen offen und zugewandt, dass es eine wahre Freude ist.

FETT UND DEFTIG

Immer noch weit verbreitet ist der Irrtum, in den Landgasthöfen an der Küste gäbe es nur matschige Kohlgerichte, fetttriefende Bratkartoffeln und nach Hammel müffelnde Eintöpfe. Doch das ist voll daneben. Natürlich ist die traditionelle Küche an der Küste ziemlich gehaltvoll – muss sie ja auch sein, Bauern und Fischer brauchen schließlich ordentlich was auf die Rippen, wie man hier sagt. Doch längst veredeln die Küstenköche auch auf dem platten Land selbst deftige Eintöpfe zu leichten Gerichten und komponieren aus Galloway-Rind, Gans, Schaf, Scholle, Kohl und Kartoffeln köstliche Menüs – auch auf Sterneniveau.

che Dialekte gibt. Sind die Einheimischen unter sich, sprechen sie ihre Sprache. In vielen Schulen an der Küste wird Nordfriesisch, das von der EU als gefährdete Sprache eingestuft ist, als Unterrichtsfach angeboten. *nordfriiskinstituut.de*

O KAROLA ...

... siet letzte Woch' is dat um mi geschehn, ick heb' di inne Köök Krabben pulen sehn", singt die norddeutsche Kultband „Torfrock". Und das mit gutem Grund – sind die schmackhaften Krabben (plattdeutsch: *Porren*) doch in manchen Jahren so rar und damit so teuer, dass es sich richtig lohnt, in der Küche jemanden zu haben, der sich aufs Krabbenpulen versteht. Karola mit den flinken Fingern muss etwa drei Pfund Krabben pulen (= schälen), um ein Pfund Krabbenfleisch zu erhalten – und spart damit über ein Drittel des Preises, den gepulte Krabben kosten.

Bei den von ihrem Panzer befreiten rosa Tierchen, die an der Küste auch als „Büsumer Krabben" im Brötchen, in der Suppe oder zum Spiegelei serviert werden, handelt es sich eigentlich um Nordseegarnelen. Sie werden im Wattenmeer von Krabbenkuttern gefischt und noch an Bord gekocht – erst dadurch bekommen die blassbeigen Krustentiere ihre rosa Farbe. In allen Häfen an der Küste werden Krabben direkt vom Kutter verkauft. Lass dir vom Fischer kurz zeigen, wie man so eine Garnele pult: Es ist leichter, als du denkst ...

INSIDER-TIPP
Superfrisch, supergut, supergünstig

MOIN

Glaub bloß nicht, die Küstenmenschen würden sich von Sonnenauf- bis Sonnenuntergang einen guten Morgen wünschen. Der Ruf „Moin!" meint nicht Morgen. *Moi* heißt auf Plattdeutsch: gut, schön. Entsprechend bedeutet Moin: einen Guten. Wird dir ein freundliches „Moin" zugerufen, dann grüß mit einem einfachen „Moin" zurück, niemals mit einem „Moin, Moin!", das ist für Nordfriesen Touristenplatt. Zur Aussprache: In Moin gibt es kein j. Also nicht „Meujen". Richtig ist ein kurzes Meun, ähnlich wie neun. Verabschiedest du dich, sag einfach „Tschüs!".

HEUHERBERGEN

Die mächtigen Haubarge auf Eiderstedt sind einzigartig. Die ersten dieser größten Bauernhäuser der Welt wurden um 1600 errichtet. Die Idee: alles unter einem Dach. Kernstück eines Haubargs ist der „Vierkant". Vier

Auch ohne Holzkäpt'n: Frische Krabben bekommst du vom Kutter – pulen musst du selbst

gewaltige Eichenpfähle, die auf Findlingen im Erdreich stehen, tragen das wuchtige, bis zu 20 m hohe Reetdach. Größere Haubarge haben sogar mehrere Vierkante aus sechs oder acht Ständern. In diesem Vierkant wurde das Heu „geborgen" (daher Haubarg), drum herum wurde das Getreide gedroschen und das Vieh versorgt – und im Südteil, auf der Sonnenseite, da lebte die Familie. Von einstmals etwa 400 Haubargen stehen heute noch ca. 40. Besichtigen kannst du den *Roten Haubarg* (s. S. 83) in Witzwort, den *Haubarg Peerboos (haubarge.de)* in Vollerwiek und den *Mars-Skipper-Hof (eingartenfuerdiesinne.de)* in Kotzenbüll.

UNTER REET

Die Vermieter an der Küste werben gern mit „Urlaub unter Reet" – und wollen damit die Vorzüge einer Dachdeckung anpreisen, von denen man als Urlauber – außer dass es hübsch behaglich aussieht – gar nicht so viel mitbekommt. Doch so ein Reetdach hat an der stürmischen Küste den Vorteil, dass es dem Wind nachgibt; manch starke Böe, die ein Pfannendach abdecken würde, kann der dicken, aber weichen Halmhaube nichts anhaben. Und das Reet isoliert: Im Winter hält es die wohlige Wärme, im Sommer sorgt es unterm Dach für kühle Räume. Einziger Nachteil eines Reetdachs: Es ist leicht entzündbar. Brennt das Dach, führt solch eine Katastrophe meist zum Totalschaden.

Und was ist Reet? Schlicht und einfach Schilfrohr, auch Ried genannt. Es wird in Bündeln im Winter geerntet, wenn es sich gut schneiden lässt. Da der heimische Reetbestand längst nicht mehr genügt, werden die Halme aus Rumänien und Ungarn importiert. Und noch ein Trost für alle, deren Urlaubsquartier kein gemütliches Reetdach besitzt: Auch „Urlaub unter Ziegeln" soll durchaus erholsam sein …

ESSEN SHOPPEN SPORT

Und nach dem Shoppen in Friedrichstadt noch 'nen Kaffee – oder andersrum

ee Kontor
Markt No.2
Kaffeesäcke
4,50 €
Kaffee
Express

ESSEN & TRINKEN

DORFKRUG ODER FRIESENBISTRO?

Die einen locken mit friesischen Farben und maritimem Ambiente, andere mit viel Holz und skandinavischem Design, wieder andere setzen auf den Charme bäuerlichen Dekors. Doch ob trendig oder traditionell: Das Ambiente sagt nichts über den Koch und seine Künste. Manch einer, der sich in eine Dorfgaststätte abseits der Touristenpfade hineinwagte, schwärmt noch heute vom Sauerfleisch mit Bratkartoffeln, vom Brathering mit Salat und den Typen am Tresen.

SÜPPCHEN ODER PFÄNNCHEN?

Beliebte Vorspeise ist die Krabbensuppe. Serviert wird sie in einer Suppentasse, und heiß muss sie sein, gekrönt mit einer Sahnehaube. Ein Pfännchen gebratenen Miesmuschelfleischs mit Tomaten und/oder Knoblauch ist ebenfalls ein feiner Appetitmacher aufs Hauptgericht.

MIT ODER OHNE GRÄTEN?

Fisch – na klar! Kabeljau, Aal, Makrele, Seewolf – unter seinem Zweitnamen Steinbeißer – und Steinbutt werden fangfrisch serviert. Auf dem Teller ist die Scholle Spitzenreiter, im Fischbrötchen gehen vorzugsweise Hering (gebraten oder eingelegt) und Räucherfisch aller Art als Zwischendurchsnack über die Tresen der Fischbuden und -läden. Scholle gibt es in etlichen Variationen auf der Speisekarte. Wer Gräten fürchtet, die Haut nicht mag und den Plattfisch auf dem Teller nicht zu bändigen weiß, der bestellt Filets, gebacken in dünner Panade. Wenn dir auf der Speisekarte das Wort „Pannfisch" begegnet, dann ist das kein spezielles Flossentier, sondern in der Pfanne gebratene Filetstücke verschiedener Fischsorten, meist mit Sauce und Bratkartoffeln angerichtet. Unbedingt probierenswert!

Gute Kombi: Im Garten des Restaurants Roter Haubarg eine Scholle Büsumer Art essen

ZWEI ODER VIER BEINE?

Eine Ente ist eine Ente und ein Lamm ein Lamm. Von wegen! An der Nordseeküste werden Enten z. B. als „Koogenten" angepriesen, und ihre wild lebenden Verwandten sind eine äußerst beliebte Delikatesse. Apropos wild: Probier mal einen Graugansbraten! Gekonnt zubereitet, hat sich der große graue Vogel zu einer echten Küstenspezialität gemausert.

INSIDER-TIPP
Geschossen, gerupft, gepökelt, gebraten

Ein Lamm ist an der Küste ein „Deichlamm" oder ein „Salzwiesenlamm". Und ein Leckerbissen. Die Lammzeit beginnt Ende Mai, Anfang Juni. Dann sind die Tiere ein halbes Jahr alt und haben sich auf dem Deich oder den Salzwiesen davor schlachtreif gefuttert. Das Fleisch ist zart, von unvergleichlich mildem Geschmack, fettarm und somit leicht bekömmlich. Was die Zubereitung angeht: Es muss nicht immer Knoblauch sein. Die Küstenköche haben sich längst viel mehr einfallen lassen, um Keule, Rücken oder Kotelett küchentechnisch zu veredeln. Also: Steht Lamm auf der Karte, solltest du es dir auf keinen Fall entgehen lassen. Und sei nicht misstrauisch – man wird es kaum wagen, dir welches aus Neuseeland zu servieren. Und Rindviecher? Gibt´s reichlich an der Küste! Husumer Weideochsen, Galloways, Angusrinder, Highland-Cattle – nachhaltig aufgezogen, mit ganz hervorragendem Fleisch.

KOHL, KOHL ODER KOHL?

Dithmarschen hat das größte Kohlkopfaufkommen Europas. Jährlich ernten die Dithmarscher für jeden Bundesbürger mindestens einen Kohl. So ist es kein Wunder, dass an der Küste das einstige Armeleutegemüse im Topf Karriere macht. Als

Beim Pharisäer kaschiert die Sahnehaube Hochprozentiges

Auflauf, Eintopf, Roulade, Salat; allerlei raffinierte Rezepte füllen Kochbücher und Speisekarten. Die Saison der Weiß-, Rot-, Rosen- und Blumenkohlköpfe beginnt im Herbst; ab Spätherbst kommt Grünkohl auf den Teller. Das traditionelle Wintergemüse hat – wie auch der Weißkohl – einen besonders hohen Vitamin-C-Gehalt. Um den Vitaminschock etwas abzufedern, wird das Gemüse mit Kochwurst, Schweinebacke, Kasseler und kleinen, süß karamellisierten Kartoffeln serviert.

SÜSS ODER SAUER? SÜSSSAUER!

Ob „dicke" Töpfe mit Fisch, Fleisch und Hülsenfrüchten oder „dünne", klare Suppen mit Grießklößchen und Frühlingsgemüse – im Kreieren von Köstlichkeiten in nur einem Topf sind die Küstenköche Meister. Speck mit süßen Kartoffeln, Fisch mit gedörrtem Obst, Gänsekeule süßsauer – die Vorstellung mag manchen verschrecken, aber nach dem ersten Löffel ...
Die beste Zeit für den Star unter den Eintöpfen – Bohnen, Birnen und Speck – ist der Spätsommer; dann sind die kleinen Kochbirnen reif, die Bohnen zart, und vom Schinken gibt es den Speck. Apropos Speck: Wenn du davon nicht genug auf den Rippen hast, mach mal Bekanntschaft mit dem Dithmarscher Mehlbüddel oder mit seinem noch gehaltvolleren Bruder, dem Großen Hans! Den köstlichen, im Wasserbad gegarten Teigpudding mit Rosinen gibt's als Hauptgericht mit Schweinebacke und Backobst oder als Nachtisch mit Fruchtsauce übergossen.

KAFFEE, KAKAO ODER DOCH LIEBER KÖM?

Ein deftiges, gehaltvolles Winteressen verdaut mancher Magen nicht so leicht. Lass dir dann von einem eisigen Aquavit oder Köm helfen. Hochprozentiges wird an der Küste ansonsten gern „heimlich" getrunken. So werden in Kaffeetassen und Kakaobechern wärmende Geister versteckt. Lässt der „Punsch" noch ahnen, dass hier nicht nur der Tee belebt, denkt man bei „Pharisäern" und „Toten Tanten" an nichts Böses. Doch was sich unterm Sahnehäubchen verbirgt, hat es in sich. Ebenso wie der Eiergrog. Was da sahnegelb im Glas schimmert – geschlagenes Eigelb, Zucker, Rum, heißes Wasser – wärmt von den Haar- bis in die Fußspitzen und ist übrigens ein uraltes Hausmittel bei Erkältung.

Unsere Empfehlung heute

Vorspeisen

GRÜNKOHLSALAT
In Olivenöl mariniert, Zitronensaft, Cranberrys

KRABBENSUPPE
Mit Sahnehaube

MATJESTATAR
Matjesfilets, Gewürzgurken, Kapern, Zitronen-Senf-Marinade

Hauptgerichte

LABSKAUS
Eintopf aus gepökeltem Rindfleisch, Kartoffeln, Zwiebeln, Roter Bete. Dazu Rollmops und Spiegelei

PANNFISCH
Gebratene Fischfilets in Senfsauce, mit Bratkartoffeln

SCHOLLE BÜSUMER ART
Gebratene Scholle mit Krabben

HALLIGBROT
Schwarzbrot, dick belegt mit Krabben, darauf zwei Spiegeleier

LAMMKARREE
Vom Deich- oder Salzwiesenlamm, mit Saisongemüse

RÜBENMUS
Eintopf aus Steckrüben, Möhren und Kartoffeln, dazu krosser Speck, Röstzwiebeln und Petersilie

Desserts

ROTE GRÜTZE
Rote Beeren, mit Zimt und Zucker eingekocht. Serviert mit flüssiger Sahne

FRIESENTORTE
Sahne und Pflaumenmus zwischen zwei Blätterteiglagen

Getränke

PHARISÄER
Heißer Kaffee mit Rum und Sahnehaube

TOTE TANTE
Heißer Kakao mit Rum und Sahnehaube

KÖM
Kümmel-Kräuter-Schnaps

SHOPPEN & STÖBERN

DANSKE DESIGN

Im Königreich gibt es nicht nur Kerzen und Tabak. Die trendigen Möbelhäuser in Tønder haben im Sommer auch am Wochenende geöffnet und liefern meist auch nach Deutschland kostenlos. Für Küche und Wohnzimmer gibt es zudem schickes dänisches Design und all den Schnickschnack, den man zwar nicht braucht, aber schön findet. Wer Geld ausgeben möchte, shoppt edle Leuchter und Gläser skandinavischer Glasbläsereien, Porzellan der Manufaktur „Royal Copenhagen" oder Besteck und Accessoires des Gold- und Silberschmieds Georg Jensen.

INSIDER-TIPP
Hier ist fast alles Gold, was glänzt

ÖKOKÖSTLICHES

Lammmettwurst, -schinken, Wurst vom Galloway- oder vom Highlandrind sowie Schafs- oder Ziegenkäse, eingeschweißt gekauft am letzten Urlaubstag, gehören in die Kühltasche. Haltbarer sind ein Glas rote Grütze oder Marmelade z. B. aus Sanddorn sowie eingewecktes Sauerfleisch. Längst gibt es diese Köstlichkeiten auch in Bioqualität nicht nur in den zahlreichen Hofläden, sondern auch in normalen Geschäften und natürlich auf den Märkten im Land. In Supermärkten findest du auch regionale Produkte mit dem „Uthlande"-Label – vor allem die in Gläser abgefüllten Ragouts, Gulaschs und deftigen Suppen sind echt gut! Und schließlich gehört auch eine gute „Nordfriesische Teemischung" ins Gepäck und zum „Veredeln" derselben eine Flasche hochprozentiger Köm.

Hier noch ein paar empfehlenswerte, nachhaltig wirtschaftende Produzenten: *Pauli Highland Cattle (pauli-highlandcattle.de)* in Norderstapel, die *Friesische Schafskäserei (friesische-*

Friesisches Tongeschirr von Nordstrand und friesischer Schafskäse aus Tetenbüll

schafskaeserei.de) in Tetenbüll, die *Osterhusumer Meierei (osterhusumer.de)* in Witzwort, die *Wacken-Brauerei (wacken.beer)* in Wacken, der *Schäferhof Bährs (hof-baehrs.de)* in Neufelderkoog und der *Dithmarscher Gänsemarkt (gänsemarkt.de)* in Gudendorf.

KUNST? HANDWERK? KUNSTHANDWERK!

Die Schilder „Galerie" und „Töpferei" am Straßenrand versprechen Kunst und Handwerk. Nimm dir die Zeit und schau mal rein. Ob es sich bei dem Aquarellleuchtturm oder der Küstenlandschaft in Öl nun um Kunst handelt, darüber lässt sich streiten. Letztendlich entscheidest du, ob es zu Hause noch einen Platz an der Wand gibt. Dem Töpfer an seiner Drehscheibe über die Schulter zu schauen ist faszinierend, und womöglich erstehst du ein Service, gebrannt mit friesisch-farbiger Glasur. Sollten Bilder, Becher und Kannen ein Preisschild tragen, gib dennoch ein Gebot ab. Handeln ist erlaubt!

WOLLE WÄRMT

Wie wäre es mit einem Schafsfell, hell oder dunkelbraun? Wenn dir solch eine natürliche Wärmflasche gar zu tierisch ist, du aber auf wärmende Wolle nicht verzichten möchtest, bleiben dir ein paar Knäuel Wolle – handgesponnen und naturgefärbt. Da ist jede Masche mit einer schönen Erinnerung verbunden. Und auch des Strickens und Häkelns Unkundige werden an der Küste nicht allein gelassen: Überall in den Dörfern sitzen Mädels, Muttis und Omas und schaffen wahre Wunderwerke von wärmenden Pullis, Strümpfen, Schals und Mützen, die nicht kratzen wie früher mal und auch modischen Ansprüchen genügen. Achte einfach auf entsprechende Hinweisschilder in den Gärten!

SPORT

ANGELN

An der Westküste haben Fans selbst gefangener Fischmahlzeiten alle Möglichkeiten: Brandungsangeln, Hochseeangeln, Fischen in Seen, Sielzügen und Flüssen. Egal, wo du den Köder hineinwirfst, du brauchst einen Fischereischein und für die meisten Binnengewässer zusätzlich eine Gastanglerkarte. Näheres erfährst du in den Touristinformationen oder in Angelgeschäften.

Hochseeangeln auf Makrele von *Büsum* aus geht mit der *MS Blauort (mobil 0171 7739619 | msblauort.de)* von Kapitän Egbert Jasper. Beliebte Reviere in der Nähe von *Bredstedt* sind die *Arlau* und die *Ostenau*. Bei *Friedrichstadt* sind es die *Eider*, die *Sorge* und die *Treene*. *Auskunft: Angelgeräte Ovens (Andreas-Clausen-Str. 2 | Husum | Tel. 04841 72432 | meerforelle.net)*. Um *Meldorf* herum gibt es u. a. die *Miele* und die *Außenmiele*, die *Süderau*, die *Wolmersdorfer Tonkuhle*, das *Barsflether Gewässer*. *Auskunft: Touristinformation Meldorf (Nordermarkt 10 | meldorf-urlaub.de)*.

Im Norden Nordfrieslands liegen fischreiche Auen (u. a. *Lecker Au, Soholmer Au, Karlum-Au*), in denen du auch Meerforellen fangen kannst, und jenseits der dänischen Grenze der *Ruttebüller See*. *Auskunft: Pörksen Angelsport (im Friesencenter an der B5 | Niebüll | Tel. 04661 903345)*.

GOLFEN & CO.

An der Westküste Schleswig-Holsteins gibt es sechs Golfclubs, und zwar – von Süd nach Nord – in Büsum, St. Michaelisdonn, Tating, St. Peter-Ording, Schwesing bei Husum und Stadum bei Leck. Für Neugierige werden Schnupperkurse angeboten, und auf dem Open-County-Platz in Tating sowie dem 9-Loch-Kurzplatz vom Club

Bei einer Kanuwanderung auf der Treene machst du ganz neue Bekanntschaften

Am Donner Kleve kannt du auch ohne Handicap und Mitgliedschaft golfen. *Golfclub Am Donner Kleve (18-Loch | St. Michaelisdonn | Tel. 04853 88 09 09 | golf-am-donner-kleve.de)*
Golfplatz Open County (9-Loch | Tating | Tel. 04863 95 50 60 | mobil 0152 57 39 31 75 | opencounty.de) mit Pub und Guesthouse
Ganz wunderbar im *Golfclub Büsum-Dithmarschen (18-Loch | Warwerort | Tel. 04834 96 04 60 | gc-buesum.de)* ist das *Café & Restaurant am Priel (tgl. bis 20 Uhr | Tel. 04834 96 04 62 | €)* und der Blick von dessen Terrasse: Golfplatzatmosphäre schnuppern und den Duft knuspriger Bratkartoffeln!

INSIDER-TIPP
Schlemmen statt einlochen

Fuß statt Schläger, Leder- statt Golfball, Hindernisse (Baumstämme, Reifen, Tunnel) statt Roughs und Bunker: Das ist *Fußballgolf (Dorfstr. 27 | Tel. 04663 18 74 40 | fussballgolf-nf.de)*. Eingelocht oder -genetzt wird auf 18 Bahnen bei Süderlügum.

INLINESKATEN

Die glatten Asphaltwege vor und hinter dem Deich sind ideale Pisten für Rollerblades. Skaterhochburg ist *Nordstrand*. Auskunft: *Kurverwaltung | Tel. 04842 4 54 | nordstrand.de*

KANU

Auf Flüssen, den breiten Sielzügen und Seen ist Kanufahren erlaubt. Beliebt ist der *Bottschlotter See* bei *Fahretoft,* 10 km südlich von Niebüll. Eider, Treene und einige Auen sind Revier von Kanuwanderern. Auskunft z. B. beim *Kanu-Service-Südtondern (Dagebüll | Tel. 04674 8 65 | kanu-service.de)*. Informationen zu Kanu- und Kajaktouren auf Eider, Treene, Sorge und Stör findest du auf *sh-kanuland.de* oder *nordkanu.de*.

NORDIC WALKING

Dithmarschen glänzt mit elf Nordic-Walking-Routen verschiedener Längen und unterschiedlicher Schwierigkeitsgrade, zusammengefasst im *Nordic Walking Park Dithmarschen* (Gesamtlänge 110 km) mit Start- und Zielpunkten in Büsum, am Meldorfer Speicherkoog, in Friedrichskoog und im Zentrum von Brunsbüttel. In Nordfriesland bietet z. B. der *Nordic Walking Park Niebüll* sechs Routen mit 40 km Gesamtlänge.

RADFAHREN

Die *North Sea Cycle Route (northsea-cycle.com)* mit 6200 km Länge ist der längste ausgeschilderte Fahrradweg der Welt. Er umrundet die Nordsee und führt durch sieben Länder. An der schleswig-holsteinischen Nordseeküste beginnt er in Brunsbüttel und verläuft, meist parallel zur Küste, am Deich entlang nach Dänemark.

Willst du „einfach mal so" in die Pedale treten, denk an den Wind: Plan deine Touren so, dass du auf dem Rückweg, wenn du erschöpft bist, den Wind im Rücken hast. Wer per E-Bike unterwegs ist, hat das Problem „Wind von vorn" nur dann, wenn der Akku leer ist. Doch Ladestationen gibt es überall an der Küste, Infos findest du u. a. unter *ee4mobile.de* und *echt-dithmarschen.de*.

Wem Touren zu anstrengend sind, der radelt auf den asphaltierten Wegen seeseits des Deichs. Wunderbar Rad fahren kann man auch auf den Wirtschaftswegen beiderseits des Nord-Ostsee-Kanals und dabei „Schiffe gucken": Unter *nok-route.de* findest du Tipps zu allem, was zu so einer Radtour dazugehört.

REITEN

Die örtlichen Reitervereine organisieren Ausritte für Erwachsene, Voltigie-

In St. Peter-Ording heizt du im Kitebuggy mit 100 km/h über den Strand …

… oder galoppierst nicht ganz so schnell an der Wasserkante entlang

ren und Ponyreiten für Kinder. Besonders reizvoll ist ein Ausritt am Strand und im Watt. Informationen gibt es z. B. in *Bordelum* bei *Bredstedt* vom *Reit- und Fahrverein Stollberg (Tel. 04671 29 49 | reitverein-stollberg.de)*, in *Heide* bei der *Reitschule am Moor (Süderholmer Str. 37 | Tel. 0481 55 85)*, in *St. Peter-Ording* beim *Reitstall Dreililien (Zum Südstrand 11 | Tel. 04863 24 01 | reiten-am-meer.de)*, in *Süderlügum* bei *Wollesen's Reiterhof (Osterstr. 3 | Tel. 04663 3 03 | reiterhof-wollesen.de)* oder in *Osterrade (bei Albersdorf)* beim *Hof Nordwind (Tel. 04802 3 01 | hof-nordwind.de)*.

WIND-, KITE- & STRANDSURFEN

Das Surfermekka an der Festlandküste ist auf Eiderstedt der *Tümlauer Koog* und – mit so etwas wie Brandung – *St. Peter-Ording*. Über Wind- und Kitesurfen informiert in *St. Peter-Ording* das *Wassersportcenter X-H2O (Strandpromenade 3 | Tel. 04863 47 88 00 | mobil 0175 2 48 84 24 | x-h2o.de)* und in *Meldorf* die *Surf- und Kiteschule (Am Yachthafen 8 | Speicherkoog | Tel. 04832 9 51 95 16 | mobil 0179 4 52 00 16 | action-surf-meldorf.de)*, die – wie das Wassersportcenter X-H2O – auch Kurse im Stand-up-Paddling anbietet.

Könner und Mutige probieren das Surfen auf dem Trockenen: Mit dem Kitebuggy kannst du dank Segel mit bis zu 100 km/h über den Sand flitzen *(Kitebuggyfahrschule St. Peter-Ording | buggyfahrschule.de)*. Kitesurfen ohne Wasser, dafür mit vier Rädern unter dem Board: Das ist Kitelandboarding *(kitelandboarding.eu)*, und Tating ist ein Hotspot für diesen Sport. Eine rasante Herausforderung für Geübte stellt auch das Strandsegeln *(ycspo.de)* dar, für das der Ordinger Strand eine der besten Locations ist.

DIE REGIONEN IM ÜBERBLICK

Auf Deichen wandern und Vögel beobachten im Land der Köge
Tønder
Søndrå
DANMARK
Leck
DER NORDEN S. 38
Bummeln, shoppen und Museen besuchen in der Stadt am Meer
Husum
Schlei
Treene
Wittensee
Eider
Heide
Nord-Ostsee-Kanal
DITHMARSCHEN S. 86
DEUTSCHLAND
Brunsbüttel
Radeln im Bauernland zwischen Nord-Ostsee-Kanal und Eider
Elbe

DER NORDEN

DEICHE, KÖGE, HÄFEN UND HALLIGEN

„Enneff" nennen die Nordfriesen den Landstrich im Nordwesten Schleswig-Holsteins – NF ist das Autokennzeichen für den Landkreis nördlich der Eider. Ein karges Land, durch das der Wind pfeift, sagen die, die nur schnell durchreisen, um auf die Inseln oder nach Dänemark zu kommen. Für alle anderen ist das Land mit dem weiten Horizont ein Sehnsuchtsort.

Enneff wird um 1000 n. Chr. besiedelt. Die ersten Nordfriesen entwässern das Land, deichen es ein, züchten Vieh und fristen ein karg-

Durch die Salzwiesen geht's zur Hamburger Hallig

liches Leben. Als Nordfriesland noch einem Flickenteppich im Wasser glich, bauten sie ihre Häuser auf den Geestrücken von Sylt und Föhr oder auf Warften in den Außenlanden, dem Uthlande. Fegte die Nordsee doch mal wieder ihre Katen weg, fuhren sie als Walfänger zur See und kamen reich zurück – wenn sie die Fahrten überlebten. Das Land hinter den Deichen gehörte bis 1920 mal zu Dänemark, mal zu Deutschland – und ist trotzdem, oder gerade deswegen, heute ein Beispiel für gelebte Völkerfreundschaft.

DER NORDEN

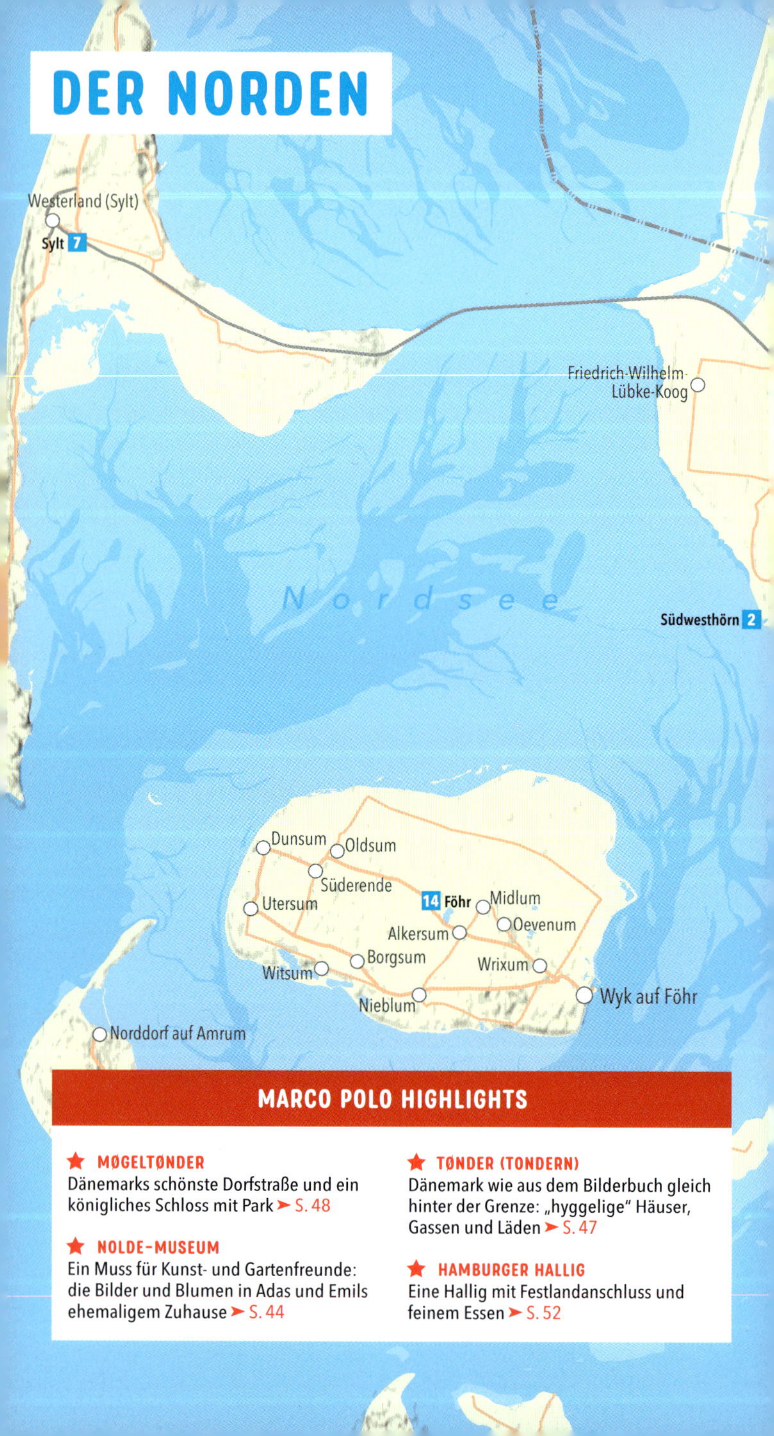

MARCO POLO HIGHLIGHTS

★ **MØGELTØNDER**
Dänemarks schönste Dorfstraße und ein königliches Schloss mit Park ➤ S. 48

★ **NOLDE-MUSEUM**
Ein Muss für Kunst- und Gartenfreunde: die Bilder und Blumen in Adas und Emils ehemaligem Zuhause ➤ S. 44

★ **TØNDER (TONDERN)**
Dänemark wie aus dem Bilderbuch gleich hinter der Grenze: „hyggelige" Häuser, Gassen und Läden ➤ S. 47

★ **HAMBURGER HALLIG**
Eine Hallig mit Festlandanschluss und feinem Essen ➤ S. 52

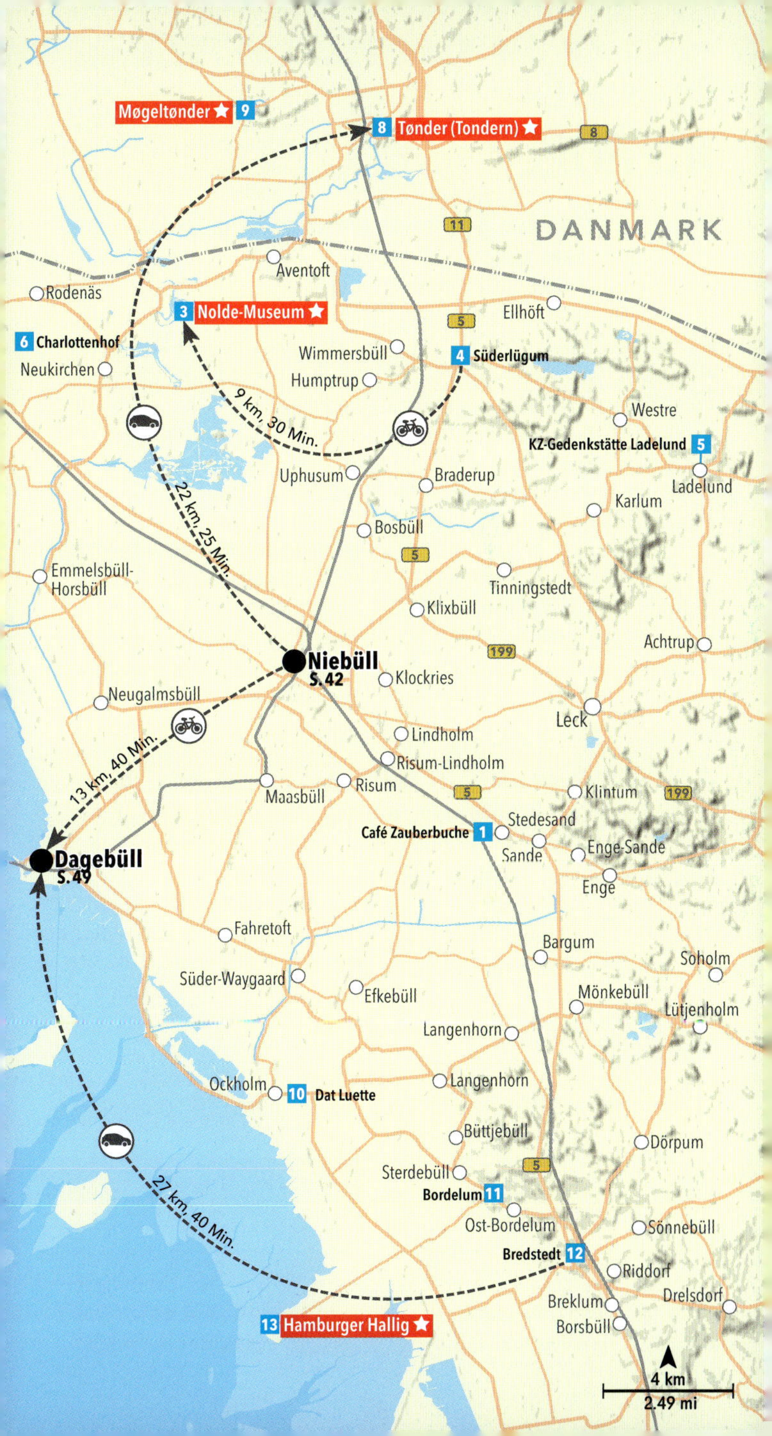

Møgeltønder
9
8
Tønder (Tondern)
8
11
DANMARK
Aventoft
Rodenäs
3
Nolde-Museum
5
Ellhöft
6
Charlottenhof
Wimmersbüll
4
Süderlügum
Neukirchen
Humptrup
9 km, 30 Min.
Westre
KZ-Gedenkstätte Ladelund
5
Uphusum
Braderup
Ladelund
Karlum
22 km, 25 Min.
Bosbüll
5
Emmelsbüll-
Horsbüll
Tinningstedt
Klixbüll
199
Achtrup
Niebüll
S. 42
Klockries
Neugalmsbüll
Leck
Lindholm
13 km, 40 Min.
Risum-Lindholm
Maasbüll
Risum
5
Klintum
199
Stedesand
Café Zauberbuche
1
Sande
Enge-Sande
Dagebüll
S. 49
Enge
Fahretoft
Bargum
Soholm
Süder-Waygaard
Efkebüll
Mönkebüll
Lütjenholm
Langenhorn
Ockholm
10
Dat Luette
Langenhorn
Büttjebüll
Dörpum
5
Sterdebüll
Bordelum
11
Ost-Bordelum
Sönnebüll
27 km, 40 Min.
Bredstedt
12
Riddorf
Breklum
Drelsdorf
Borsbüll
13
Hamburger Hallig
4 km
2.49 mi

NIEBÜLL

(🕮 D4) **Jährlich rollen hier über 1,5 Mio. Fahrzeuge auf die Autozüge und wieder runter: Für Syltbesucher ist Niebüll (10 000 Ew.) lediglich Verladestation.**

Wer jedoch im Kreisverkehr am südlichen Ortseingang statt dem Abzweiger „Autoverladung" dem Wegweiser „Niebülls Museen" folgt, der wird in diesem nordfriesischen Luftkurort einiges entdecken.

SIGHTSEEING

RICHARD-HAIZMANN-MUSEUM

Richard Haizmann war ein Maler und Bildhauer, der von 1934 bis 1963 in Niebüll lebte. Neben seinen Werken siehst du hier Kunst der klassischen Moderne und der Gegenwart – vor allem aus Norddeutschland und Skandinavien. *Di–Fr 11–16.30, Sa 11–13, So 14–17 Uhr | Eintritt frei | Rathausplatz 2 | haizmann-museum.de | 1 h*

NATURKUNDEMUSEUM NIEBÜLL

Kein muffiges Museum, in dem der Staub aus den Präparaten rieselt, sondern eine moderne Erlebnisausstellung: Alles, was an der Nordseeküste kreucht und fleucht, gibt es hier zu sehen und zu hören. Das Museum ist zugleich Nationalpark-Infozentrum. *April–Okt. Di–So, Juni–Aug. tgl. 14–17.30 Uhr, zusätzl. Führungen n. V. | Eintritt 3 Euro, Kinder (ab 6 J.) 1,50 Euro | Hauptstr. 108 | Tel. 04661 56 91 | nkm-niebuell.de | 1,5 h*

FRIESISCHES MUSEUM

In einem bald 300 Jahre alten Friesenhaus im Ortsteil Deezbüll erfährst du, was ein Pesel ist, eine Dörns und eine Klüterkammer – also alles über die friesische Wohnkultur von anno dunnemals. *Juni–Sept. tgl. 14–16 Uhr oder n. V. | Eintritt 2 Euro | Osterweg 76 | Tel. 0175 4 14 61 85 | friesisches-museum.de | 1 h*

ESSEN & TRINKEN

CASA PICCOLI

Klassische italienische Spezialitäten, serviert in Gasthausatmosphäre (im Sommer auch vor der Tür), sorgen für Abwechslung auf dem norddeutschen (Urlaubs-)Speiseplan. *Tgl., Sa, So nur abends | Rathausstr. 16a | Tel. 04661 60 03 33 | casa-piccoli.de | €€*

RATSKELLER

Ebenerdig frühstücken die Leute in der *Kaffeemaus* oder testen dort ausgesuchte Kaffeesorten. Eine Treppe tiefer werden Küchenstandards, auch vegetarische, und günstige Mittagsgerichte serviert. *Tgl., Sa, So nur abends | Hauptstr. 44 | Tel. 04661 7 36 94 11 | ratskeller-niebuell.de | €*

SHOPPEN

MARKT

Samstags gibt es auf dem *Rathausmarkt* Gemüse aus der Umgebung, Fisch, Geflügel, Wild, Lamm- und Ziegenfleisch und köstliche Waffeln.

Wer in Niebüll gleich auf den Autozug fährt, verpasst einiges …

MARTENSEN – DAS SCHLEMMER-KONTOR

Feines Delikatessgeschäft auch mit friesischen Köstlichkeiten, die sich gut als Mitbringsel eignen: Lammschinken, Schaf- und Ziegenkäse, Süßes, Hochprozentiges und Eingewecktes (z. B. Sauerfleisch). Mittendrin und vor der Tür Bistrotische, an denen Antipasti und mehr serviert werden. *Hauptstr. 42 | schlemmerkontor.de*

STRAND

FREIBAD WEHLE

Naturbad in der sogenannten Wehle, einem 1593 durch einen Deichbruch entstandenen See. Mit DLRG-Aufsicht *(tgl. 14–18.30 Uhr)*, Umkleidekabinen, Duschen, Badesteg und Kiosk. *Deichstraße*

AUSGEHEN & FEIERN

ECK'S KINO

So kann Kino sein! Technisch supermodern, sonst aber gemütlich wie in den 70ern: drei Kinos mit Tischlämpchen und Bedienung und Bistrobar. *Hauptstr. 37 | Programmansage Tel. 04661 40 04 | filmtheater-niebuell.de*

RUND UM NIEBÜLL

1 CAFÉ ZAUBERBUCHE

10 km von Niebüll / 15 Min. mit dem Auto über B 5

Wo früher der Stedesander Pastor zu Hause war, tauchst du heute ein ins

Reich der Torten – unter gleich 42 traumhaften Kreationen kannst du wählen. Und falls du gerade nicht auf Süßes stehst, dann steht dir vielleicht der Sinn nach einem herzhaften Flammkuchen? *Feb.–Mitte Dez. Do–Mo 14–18 Uhr | Dorfstr. 36 | Stedesand | cafe-zauberbuche.de |* D4

INSIDER-TIPP
Es geht auch pikant!

2 SÜDWESTHÖRN

13 km von Niebüll/20 Min. mit dem Auto über Gotteskoogdeich

Deutschlands nördlichster Hafen besteht aus nicht viel mehr als einem Steg und wird nur als Nothafen genutzt. Direkt daneben liegt eine Badestelle am Deich mit Grünstrand, Badeplattform und der Chance auf Abkühlung bei Flut. Strandkörbe und eine Fischbrötchenbude gibt's auch. Eine Kurabgabe ist nicht fällig, doch wird mittels Spendenbox um einen Beitrag zum Erhalt der Bade-Infrastruktur gebeten.

INSIDER-TIPP
Nix für Warmduscher

Im *Gasthof Südwesthörn (Di geschl. | Südwesthörner Str. 9 | Emmelsbüll-Horsbüll | Tel. 04665 983688 | gasthof-suedwesthoern.de | €€)* trifft Miesmuschel auf Maultasche: Auf der Karte stehen nämlich köstliche norddeutsche neben schwäbischen (!) Spezialitäten. Wenn du Ruhe liebst und einen weiten Blick, dann bist du in dem Reetdachhaus hinterm Deich übrigens genau richtig, denn es gibt auch Gästezimmer. Außerdem Angelscheine für die Nordsee und fürs Siel hinterm Haus. C4

3 NOLDE-MUSEUM ★

15 km von Niebüll/20 Min. mit dem Auto über Aventofter Straße (Museum ausgeschildert)

Wie eine Trutzburg steht das Haus und ehemalige Atelier des Expressionisten Emil Nolde auf einer Warft. Ausgestellt sind hier insgesamt ca. 170 Werke: Ölbilder in den Nolde-typischen kräftigen, glühenden Farben, Aquarelle, Zeichnungen und Grafiken. Zu Füßen des Hauses liegt Ada und Emil Noldes Garten, der den Künstler immer wieder inspirierte: zur Blütezeit ein Farbenmeer! *März–Nov. tgl. 10–18 Uhr | Eintritt 8 Euro | Neukirchen | Seebüll | nolde-stiftung.de |* *2 h*

Im Museumsgebäude ist neben einem Shop, einem Veranstaltungssaal (regelmäßig Konzertabende) und einem Atelier für Malkurse das *Café Seebüll (März–Okt. tgl. 10–18, Nov. 13–17 Uhr).* Man sitzt hinter bodentiefen Fenstern und genießt kleine regionale Gerichte, ein Stück Kuchen oder ein-

„Seebüllchen" nannte Emil Nolde sein Gartenhaus liebevoll

fach nur einen Kaffee oder einen der guten Weine. *D3*

4 SÜDERLÜGUM

13 km von Niebüll/20 Min. mit dem Auto über B 5

Die Supermärkte Süderlügums sind für viele Dänen Einkaufsparadiese im kleinen Grenzverkehr. Seit Beginn des 19. Jhs. machten in Tetens Gasthof Viehhändler Geschäfte und eine Pause, wenn sie ihr Vieh auf dem Ochsenweg, der mitten durch Süderlügum führte, zum Markt nach Husum trieben. Heutzutage wird die Fahrt durch den Ort (2350 Ew.) manchmal zur Ochsentour – wenn sich Urlauberautos auf dem Weg nach bzw. von Sylt und Dänemark, Lkws und Trecker durch die schmale Hauptstraße quetschen.

Im original erhaltenen Ostflügel des heutigen *Landhotels Tetens (tgl. ab 17 Uhr | Hauptstr. 24 | Süderlügum | Tel. 04663 18580 | landhotel-tetens.de | €€)* isst du unter Balkendecken, zwischen Biedermeiersofas und antiken Schränken Feines aus der regionalen Küche. Ins etwa ebenso alte, behutsam modernisierte *Witthus (Mo, Mi–Sa ab 17, So ab 11.30 Uhr | Hauptstr. 29 | Tel. 04663 188087 | restaurant-witthus.de | €€€)* sind ein Weinkontor und ein Restaurant mit einer kleinen, sorgfältig komponierten Karte eingezogen.

INSIDER-TIPP
Zum Barbecue spielt die Musik

Im ehemaligen Stall wird zwei- bis dreimal im Monat zu saisonal inspirierten kulinarisch-musikalischen Veranstaltungen geladen. *D3*

5 KZ-GEDENKSTÄTTE LADELUND

17 km von Niebüll/20 Min. mit dem Auto über L 3

In der Nähe der dänischen Grenze befindet sich die ehemalige Außenstelle des Konzentrationslagers Neuengam-

In der Alten Apotheke grüßen „verpuppte" Soldaten der königlich-dänischen Garde

me bei Hamburg. Im Winter 1944 starben hier 300 der etwa 2000 Häftlinge. Dokumentiert werden die Ereignisse in der Ausstellung „Konzentrationslager Ladelund 1944". *Ausstellung: Di–Fr 10–16, Sa, So 14–16 Uhr, Gelände: jederzeit | Eintritt frei | Raiffeisenstr. 3 | hinter der Kirche | Ladelund | Führung n. V., Tel. 04666 449 | kz-gedenkstaette-ladelund.de | 1 h | E3*

6 CHARLOTTENHOF

14 km von Niebüll/15 Min. mit dem Auto über Klanxbüller Straße

Der historische Vierkanthof in Klanxbüll ist heute ein Kultur- und Tagungshaus und nennt sich nicht zu Unrecht „kulturelle Perle der Region". Seine denkmalgeschützten Holzständerwerke, die Scheune und der Pesel sind leider nur während der Veranstaltungen zu besichtigen. Doch davon gibt es glücklicherweise reichlich: Theater, Musik, Lesungen, Feste, Bauern- und (Kunst-)Handwerksmärkte. *Osterklanxbüll 4 | Tel. 04668 921 00 | dercharlottenhof.de | C3*

7 SYLT

36 km von Niebüll/35 Min. mit dem Zug bis Westerland

In Niebüll oder Klanxbüll musst du in den Zug steigen, wenn du auf „die Insel" willst. Fährst du mit dem Auto nach Niebüll und willst hier in den Zug umsteigen, folgst du nicht dem Schild „Sylt", sondern fährst Richtung „Gewerbegebiet Süd" zum Bahnhof; hier gibt es für Syltreisende gebüh-

renpflichtige Parkplätze. In Niebüll halten alle Züge Richtung Westerland, viele Züge halten auch in *Klanxbüll,* der letzten Station auf dem Festland. Hier gibt es in Bahnhofsnähe genügend gebührenpflichtige Parkplätze. In den Sommermonaten und an Wochenenden sind die Züge *(Tagesrückfahrkarte ca. 16 Euro)* oft überfüllt.
Auf der Insel angekommen, führt der schnellste Weg zum Strand durch *Westerlands* Vergnügungs- und Shoppingmeile, die Friedrichstraße. Willst du dem Metropolentrubel entfliehen, dann steigst du am Bahnhof in einen der Busse Richtung *List* (Norden), *Hörnum* (Süden) oder *Keitum* (Osten). Abseits der Badeorte gibt es tatsächlich auch in der Hochsaison weniger besuchte Strände; auf einen Strandkorb musst du dann allerdings verzichten und an jedem Übergang die ortsübliche Gebühr für die Strandnutzung entrichten. Detaillierte Informationen findest du im MARCO POLO Band „Sylt". 🕮 A–B 1–4

8 TØNDER (TONDERN) ★

22 km von Niebüll/20 Min. mit dem Zug, 30 Min. mit dem Auto über B 5

Bis 1920 war Tondern (7700 Ew.) eine deutsche Kleinstadt und stand in den Jahrhunderten zuvor mal unter dänischer, mal unter deutscher Herrschaft. Dann beendete die Volksabstimmung den Streit um das Herzogtum Schleswig: Tondern wurde mit dem dänischen Königreich vereint. Wer mit dem Auto fährt, passiert die verwaisten Zollhäuschen an der dänischen Grenze, muss aber damit rechnen, dass trotzdem stichprobenartig kontrolliert wird. Die Züge der NEG und der dänischen Arriva zwischen Niebüll und Tønder verkehren bis zu elfmal am Tag *(Hin- und Rückfahrt 13,50 Euro)* – auch hier gilt bis auf Weiteres: unbedingt den Personalausweis dabeihaben!
Angekommen, wirst du denken: Ja, das ist Dänemark! Auf dem Markt die Hotdog-Bude, in den engen Gassen liebevoll gepflegte, bunte Häuser: Beschaulich-gemütlich – auf Dänisch *hyggelig* – geht es in der Kleinstadt zu. Folgst du den Parkplatzhinweisen und Fußgängerströmen, erreichst du den *Torvet,* den Marktplatz, und die Fußgängerzonen *Storegade, Østergade* und *Vestergade.* Startschuss zum Shoppen und Schnabulieren. Mode, Möbel und Design (z. B. bei *Imerco* in der Vestergade 13) überall, die berühmt-berüchtigten roten *pølser* (Würstchen) gibt es in der Bude auf dem Torvet, dänisches *øl* (Bier) vom Fass, kleine Speisen und das gemütliche dänische Lebensgefühl in den Cafés und Restaurants drum herum. Ein paar Meter weiter lag mal der stilvolle, weithin berühmte Tabak- und Pfeifenladen von Johannes Petersen. Radikal umgestylt, wurde daraus *Marcel's Brasserie (Mo geschl. | Storegade 12 | Tel. +45 74 72 20 22 | marcelsbrasserie.dk | €€)*: Schau den Leuten beim Bummeln zu, während du z. B. Parmaschinken mit Parmesan, ein Steak oder eine Bouillabaisse verspeist – *det smager godt!* Ein besonderes Haus ist die ☂ *Alte Apotheke (Feb.–Dez. Mo–Fr bis 17.30, Sa, So bis 16 Uhr, Feb., März So geschl. | Østergade 1 | det-gamle-apotek.dk).* Hier gibt

es zwar keine Pillen mehr, doch dafür alles, was man nicht braucht, aber aus dem Urlaub gern mitbringt: Kerzen, Seife, Karten, Kunsthandwerk. Im Keller warten Weihnachtswichtel das ganze Jahr auf Liebhaber und auf ihre Zeit, die im Oktober beginnt – dann verwandelt sich *Det Gamle Apotek* sukzessive in ein funkelndes Weihnachtshaus.
Ruhiger geht es rund um die und in der *Christuskirche (Mo–Sa 10–16 Uhr)* zwischen Nørre- und Storegade zu. Sie wurde 1592 geweiht; besonders sehenswert sind die 14 sorgfältig restaurierten Epitaphien (aufrecht stehende, verzierte Grabplatten). Ebenfalls eine Oase, allerdings eine kulinarische, ist das auf Ökoprodukte setzende *Café Engel (Mo geschl. | Frigunden 3 | cafe-engel.dk | €)* am Ende einer ruhigen Nebengasse der Vestergade.
Die Patrizierhäuser in den Fußgängerzonen mit den kunstvollen Portalen zeugen vom Wohlstand der Spitzenhändler im 18. Jh. Sie schufen die schleswigsche Klöppelindustrie. Noch heute wird dieses alte Handwerk gepflegt: Alle drei Jahre (2022, 2025 ...) findet am ersten Juniwochenende ein internationales Klöppelfestival statt *(kniplings-festival.dk)*. Die bescheidenen Häuschen der Klöpplerinnen kannst du dir in der romantischen *Uldgade* anschauen, einer der schönsten Gassen der Stadt. Alte Spitzen, Kacheln und Arbeiten der Silberschmiede aus der Zeit von 1750 bis 1825 sind im *Tønder Museum* ausgestellt. Zu den Museumsgebäuden gehören auch das *Kunstmuseet i Tønder* und der alte *Wasserturm* von 1902. Im Kunstmuseum werden die verschiedenen Strömungen der nordeuropäischen Kunst des 20. und 21. Jhs. gezeigt, im Wasserturm Arbeiten des berühmten Möbeldesigners Hans J. Wegner. Von der obersten, rundum verglasten Etage des Turms hat man eine herrliche Aussicht. *Museen in Tønder: Di–So 10–17, Juni–Aug. auch Mo | Eintritt 70 Kronen | Wegners Plads 1 | msj.dk | ⏱ 1,5 h*
Du kannst fast überall mit Euro bezahlen. Dänische Kronen (1 Euro = ca. 7,47 Kronen, 100 Kronen = ca. 13,40 Euro) lassen sich an Geldautomaten mit der EC-Karte ziehen, allerdings gegen hohe Gebühren: Für 500 Kronen werden ca. 6 Euro fällig. *visit tonder.dk | tonder.dk |* *D2–3*

9 MØGELTØNDER ★

28 km von Niebüll/40 Min. mit dem Auto über B 5 und 419

6 km westlich von Tønder liegt ein verträumtes Dorf mit der wohl schönsten Dorfstraße Dänemarks – reetgedeckte Backsteinhäuschen mit Rosenstöcken davor säumen die katzenkopfgepflasterte Straße. Møgeltønder ist auch ein Mekka der Dänen: Im *Schloss Schackenborg* aus dem 17. Jh. residierte bis Juli 2014 Prinz Joachim von Dänemark mit seiner Familie, dann wurde das Schloss einer Stiftung übergeben und verleiht nun Veranstaltungen einen würdigen Rahmen. Der Park und einige Räume des Schlosses können bei einer einstündigen Führung *(leider nur auf Dänisch | Buchung über die Website | 125 Kronen | Schackenborgvej 2 | schackenborg.dk)* besichtigt werden. Wer den Besuch stil-

Møgeltønders Adresse für Romantiker und Genießer ist der Schackenborg Slotskro

voll-romantisch abrunden möchte, der schlemmt im *Schackenborg Slotskro (tgl. | Slotsgaden 42 | Tel. +45 74 73 83 83 | slotskro.dk | €€€)* Rotbarsch, Wildente oder Kalbsfilet. *D3*

DAGEBÜLL

(C4) **Dagebüll (880 Ew.) wurde häufig als Parkplatz mit Fähranschluss verspottet. Doch das ist Vergangenheit: Der Ferienort „mit der Nordsee vor der Tür" hat sein Image erheblich aufpoliert. Zusätzlich zu den drei etwas in die Jahre gekommenen Hotels wurden in den letzten drei Jahren drei Feriendörfer hinter den Deich gestellt, großenteils aus bunten Holzhäusern im skandinavischen Stil, zuletzt ein Fünf-Sterne-Wohnmobil-und-Campingplatz.**

Dagebüll besteht aus mehreren Ortsteilen, zwischen denen Busse verkehren: Etwa 3 km landeinwärts liegt das beschauliche Dagebüll-Kirche mit kleinen Pensionen und der St.-Dionysius-Kirche, etwas weiter südlich das lang gezogene Fahretoft, wo hübsche Friesenhäuser hinter dem Binnendeich stehen. Um ins touristische Zentrum Dagebülls zu kommen, folgst du im Kreisverkehr am Ortseingang nicht den Schildern zur Mole, sondern fährst in den Ort, Dagebüll-Hafen. Hier findest du die Touristinfo und zwei schmucke Ladenzeilen mit Restaurants, Cafés, einer Eismanufaktur, einer Mandelbrennerei und – wichtig für die sturmfeste Frisur – „Watt´n Schnitt".

Wer nach Amrum oder Föhr übersetzt und sein Auto auf dem Festland lässt, stellt es auf einem Großparkplatz mit Garage, Bistro und Shop *(Staffelpreise: bis 24 Std. 7,50 Euro, Garage 9 Euro | inselparkplatz.de)* außerhalb ab und wird mit einem Shuttlebus zum Anleger gebracht, wo im Reedereigebäude direkt an der Mole ein weiteres kleines Bistro dabei hilft, die Wartezeit auf die Fähre zu verkürzen.

ESSEN & TRINKEN

DER AUSTERNFISCHER

In diesem modernen Bistro mit der großen Terrasse isst man Fisch! Im Brötchen, vom Grill, in Senfsauce. Und Austern, Muscheln, Krabben. Und – ja – es gibt auch was ohne Gräten oder Schale. *Tgl. | Nordseestr. 14 | Tel. 04667 9513266 | austernfischer-dagebuell.jimdo.com | €€*

STRANDHOTEL DAGEBÜLL

Der Wintergarten des Hotelrestaurants direkt an der Nordsee bietet für alle, die sich am Spiel von Wind und Wellen nicht satt sehen können, ein nettes Extra zum Essen: Meerblick. Die Küche hat keinen, sorgt mit gutbürgerlichen Gerichten aber auch fürs Sattwerden. *Tgl. | Dagebüll-Hafen | Tel. 04667 94000 | strandhotel-dagebuell.de | €€*

SHOPPEN

Beidseits der Nordseestraße gibt es eine ganze Reihe netter Läden, die Namen wie „Wohnen & Meer", „Zauberer", „Wettertüch" (Wetterzeug) oder „Tabakstuuv" (Tabakstube) haben und ein Sortiment, das sich jenseits vom üblichen Küstenkitsch und 08/15-Klamotten bewegt.

An der Nordmole des Fähranlegers verkaufen die Fischer regelmäßig Frischfisch und Krabben direkt von ihren Kuttern „Alk" und „Butjadingen" *(fischvomkutter.de).*

STRAND

Der Strand in Dagebüll ist grasgrün. 2018 am neuen Klimaschutzdeich angelegt mit Deichpromenade, bewachter Badestelle, bunten Badehäuschen, Strandkorbvermietung – und herrlichem Blick auf die Inseln.

RUND UM DAGEBÜLL

10 DAT LUETTE

13 km von Dagebüll / 15 Min. mit dem Auto über L 191

Auf dem Weg nach/von Dagebüll wirst du das „Steak- & Burgerhus" im verschlafenen 300-Ew.-Dorf Ockholm entdecken. Außen heller Stein, innen helles Holz – Bistro-Charakter. Spätestens beim Blick auf die Speisekarte bist du hellwach: Für Carpaccio, Pulled Beef, „Bull Rider"-Burger oder das einpfündige T-Bone-Steak kommt das Fleisch aus eigener, artgerechter Zucht! Nur für den köstlichen Gemüsebratling weigern sich Ochse & Co. noch, als Lieferanten tätig zu werden. Special für Kenner: das Rundstück warm! *Di–So*

INSIDER-TIPP
Ein Fest für Fleischfans

ab 17 Uhr, So auch mittags | Bäderstr. 11 | Tel. 04674 9623828 | datluette.de | €–€€€ | E5

11 BORDELUM

24 km von Dagebüll/35 Min. mit dem Auto über L 191, Sönke-Nissen-Koog und Reußenkoog

Egal, wo in NF ihr urlaubt – wenn ihr mal nicht wisst, wohin am Abend, macht ihr Folgendes: Handy raus, Tisch im *Norditeran (Laden und Bistro tgl. ab 12, Restaurant Mi–Sa ab 18 Uhr | Dorfstr. 12 | Tel. 04671 9436733 | norditeran.com | Bistro € | Restaurant €€€)* reservieren, Bordelum ins Navi und nix wie hin! In diesem ausgezeichneten Restaurant genießt ihr dann z. B. karamellisierten Ziegenkäse mit Gemüsesalat, danach Bordelumer Gotlandlamm mit Morcheljus. Im Bistro (mit Wein- und Feinkostladen) gibt es neben Bistroklassikern den günstigen, täglich wechselnden Mittagstisch (auch zum Mitnehmen).

INSIDER-TIPP
Rundumversorgung à la Bordelum

Ansonsten hat das weitläufige Dorf Bordelum (2000 Ew.) einen Hofladen und einen Blumenhof mit Souvenirs & Co. zu bieten. Und nur 1 km weiter, direkt an der B 5, könnt ihr euch ein paar Hundert Gramm der im Norditeran angegessenen Pfunde wieder abtrainieren, wenn ihr die Stufen zur Aussichtsplattform des *Fernmeldeturms* auf dem 43 m hohen *Stollberg* erklimmt – die Belohnung: ein herrlicher Blick aus dann 63 m Höhe über das weite Land und den *Naturerlebnisraum Stollberg.* E5

12 BREDSTEDT

27 km von Dagebüll/40 Min. mit dem Auto über L 191 und Bordelum

Das Wichtigste an Bredstedt (5100 Ew.) ist wohl nur Insidern und Interessierten bekannt: das *Nordfriisk Instituut.* Es kümmert sich um den Erhalt der nordfriesischen Sprache und Kultur. Im nagelneuen Ausstellungsgebäude *Nordfriisk Futuur (Mo–Mi 8.30–12.30, Do 13.30–16 Uhr | Eintritt frei, Spende erbeten | nordfriiskfutuur.eu | 1 h)* kannst du eine Menge über die Geschichte der Leute und das

In Dagebüll sind bunte Badehäuschen die Alternative zum Strandkorb

Spritzig-skurril: der Schweinebrunnen auf dem Bredstedter Marktplatz

Land erfahren, in dem du gerade Urlaub machst.

Doch auch alle anderen sollten hier von der B 5 abbiegen, um sich auf dem verkehrsberuhigenden Kopfsteinpflaster in die Mitte des beschaulichen Orts vorzutasten! Zum hübschen dreieckigen *Marktplatz* mit einem neugotischen Rathaus und seinem spitzen Türmchen. Weitere Hingucker: ein etwas skurriler Brunnen aus sieben übereinandergestapelten Metallschweinen und die Alte privilegierte Apotheke, vor der kleine Granitsäulen, an denen man einst die Pferde anband, daran erinnern, dass hier schon seit 1797 Pillen gedreht werden. Wilst du länger bleiben und die Umgebung erkunden? Direkt am Marktplatz steht Frida's Hotel mit dem *Café Frida (Mo, Di geschl. | Markt 13 | Tel. 04671 7 18 99 59 | hotelcafefrida.de).* Im Erdgeschoss: 3000 Delfter und Nordfrieslandkacheln an den Wänden, holzgetäfelte Decke und ein lauschiger Innenhof. *E5*

13 HAMBURGER HALLIG ★

22 km von Dagebüll / 1 Std. mit dem Auto über L 191 (Schlüttsiel)

Ortskundige Wanderer geraten bei der Nennung der Hamburger Hallig ins Schwärmen: Die nicht allzu große Entfernung vom Festland (4 km) sei genau die richtige Distanz für einen Fußmarsch über den Damm. Ein Ausflug auf die Hallig ist eine Expedition in die Welt der Vögel, denn hier piept so ziemlich alles, was gefiedert und im Watt zu Hause ist. Im Frühjahr und Herbst fressen sich auf den Salzwiesen bis zu 30 000 Nonnengänse für die nächste Flugetappe fett. Etwa 60-mal im Jahr heißt es auf der Hamburger Hallig „Land unter". Dann ist der Weg überflutet und gesperrt. Von Ostern bis Mitte Oktober ist der Damm zwar auch für Autos befahrbar (gegen eine Mautgebühr von 6 Euro), jedoch sind Kraftfahrzeuge im Naturschutzgebiet nicht gern gesehen.

Der *Hallig Krog (April–Okt. tgl. 11–mind. 18 Uhr, Dez.–März s. Aushang am Übergang zur Hallig (Amsinckhaus) und auf Facebook | Tel. 04671 94 27 88 | hallig-krog.de | €€)* ist nicht nur das Ziel fußmüder Wanderer und erschöpfter Radfahrer, sondern auch eins für Gourmets aus der ganzen Region. Seit nämlich Erik Brack – bis 2015 Küchendirektor auf dem Traumschiff „MS Deutschland" – seine Kombüse auf die Hallig verlegt hat, gibt's hier richtig gute Küche! Regional und reichhaltig, zugleich raffiniert und überraschend, wie z. B. die „über Deichgräsern geräucherten Koteletts vom Hallig-Lamm". Bei schönem Wetter schmecken „Wattenmeersalat" und „Hallig-Schmaus" auch auf der Terrasse vor dem Krog. *D6*

14 FÖHR

9 km von Dagebüll/50 Min. mit der Fähre bis Wyk

Sehnsucht nach Sandstrand? Kein Problem, die Fähre bringt dich in nicht mal einer Stunde nach Föhr; vom Wyker Fährhafen sind es nur wenige Schritte bis zum Strand und zur Promenade von *Wyk*, dem Sandwall, mit Cafés, Restaurants und Souvenirläden. Wer mehr von der „grünen Insel" sehen möchte, sollte mit dem Bus nach *Nieblum* fahren, einem Friesendorf mit Alleen, reetgedeckten Häuschen und dem *Friesendom (St.-Johannis-Kirche)* aus dem 13. Jh. Auf dem Weg dorthin hält der Bus in *Alkersum,* wo sich das *Museum Kunst der Westküste (März–Okt. Di–So 10–17, Nov.–Mitte Jan. 12–17 Uhr | Eintritt 8 Euro | mkdw.de | 2 h)* – ein Juwel unter den Museen des Nordens – zum Besuchermagneten entwickelt hat. Gerade die Sammlung von Werken skandinavischer, holländischer und deutscher Maler des 19.–21. Jhs. ist einzigartig. *Tagesrückfahrkarte Dagebüll–Wyk 14 Euro | faehre.de*

INSIDER-TIPP
Meer und Küste – auf Leinwand

Die Überfahrt nach *Amrum* dauert ab Wyk noch mal 70 Minuten und lohnt sich für einen Tagesausflug nur, wenn du eine frühe Fähre nimmst. Detaillierte Informationen zu beiden Inseln findest du im MARCO POLO Band „Föhr/Amrum". *B–C 4–5*

SCHÖNER SCHLAFEN IM NORDEN

HAUS AM MEER

23 höchst komfortable Holzbungalows und -reihenhäuser im skandinavischen Stil mit Sauna, Kaminofen etc. für bis zu sechs Personen gruppieren sich unter dem schönen Namen *Mien Huus an de Nordsee (Nordseestr. 14 | Dagebüll | Tel. 04841 9 04 15 61 | unsere-kueste.de, urlaub-dagebuell.de | €€)* zu einem Fünf-Sterne-Feriendorf, 200 m vom Meer.

HUSUM & DIE HUSUMER BUCHT

MANCHMAL GRAU, MEISTENS BUNT

Über Nacht wurde Husum zur Stadt am Meer: Manchmal ist sie grau, viel öfter aber bunt und stets geschäftig. Aus der Ferne ist die größte Stadt an der Westküste keine lockende Schönheit. Wer trotzdem die B 5 verlässt, wird verzaubert werden von der historischen Altstadt mit kopfsteingepflasterten Gassen, dem Markt und den restaurierten Giebelhäusern aus dem 16. Jh. Dass die Stadt zur Küstenmetropole wurde, ist einer Jahrhundertsturmflut zu verdanken: Die „große Mandränke" verschlang 1362 weite Teile der Küste

Die blaue Stunde im Husumer Binnenhafen

und bescherte dabei Husenbro, „Brücke bei den Häusern“, einen schiffbaren Zugang zur Nordsee. Das Dorf wurde so zum Umschlagplatz für Seefahrer und Küstenfischer. Die nächste große Sturmflut 1634 zerschlug die große Insel Strand: Pellworm, Nordstrand und Nordstrandischmoor entstanden, die Husumer Bucht bildete sich. In ihrem Schutz lässt sich heute gut baden: Husums Badestelle liegt bei Simonsberg, und im hübschen Örtchen Schobüll campt man mit Meereszugang.

HUSUM & DIE HUSUMER BUCHT

MARCO POLO HIGHLIGHTS

★ **NORDFRIESLAND-MUSEUM – NISSENHAUS HUSUM**
Wissenswertes über das Leben der Menschen am Meer ➤ S. 58

★ **SCHIFFFAHRTSMUSEUM NORDFRIESLAND**
Ein Wrack aus dem 16. Jh., konserviert mit Zuckerwasser ➤ S. 59

★ **THEODOR-STORM-MUSEUM**
Im Poetenstübchen des Poppenspäler-Dichters ➤ S. 60

★ **KIRCHLEIN AM MEER**
Ein Kleinod norddeutscher Backsteingotik ➤ S. 64

★ **SCHLOSS VOR HUSUM**
Barockschloss, Krokusblüte, Eventlocation ➤ S. 61

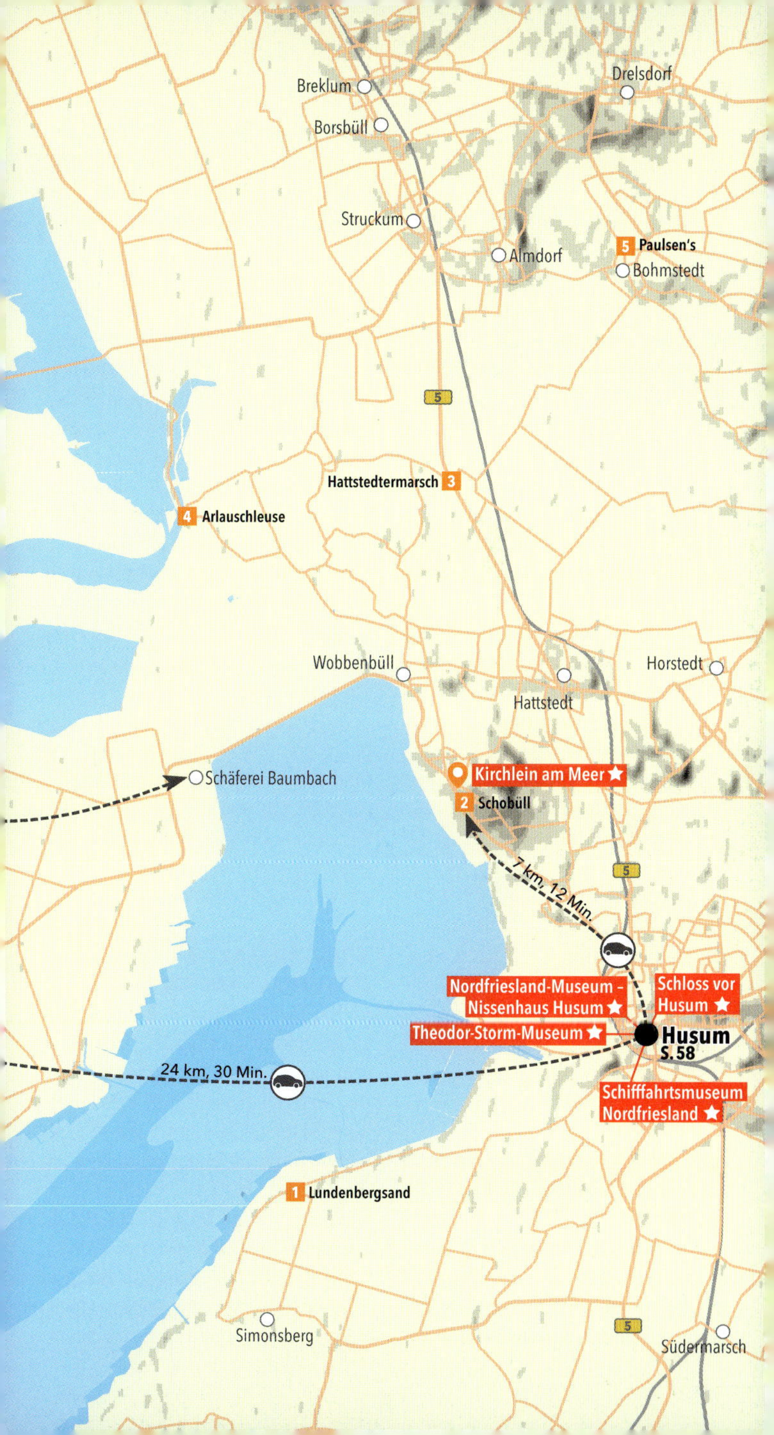

Breklum
Borsbüll
Drelsdorf
Struckum
Almdorf
5 Paulsen's
Bohmstedt
5
Hattstedtermarsch 3
4 Arlauschleuse
Wobbenbüll
Hattstedt
Horstedt
Schäferei Baumbach
Kirchlein am Meer
2 Schobüll
7 km, 12 Min.
5
Nordfriesland-Museum – Nissenhaus Husum
Schloss vor Husum
Theodor-Storm-Museum
Husum
S. 58
24 km, 30 Min.
Schifffahrtsmuseum Nordfriesland
1 Lundenbergsand
Simonsberg
5
Südermarsch

HUSUM

(📖 E6–7) **Der Binnenhafen mit Kuttern, Ewern, Traditionsseglern, Restaurants, Cafés und Fischbrötchenbuden ist in Husum (23 300 Ew.) eines der beliebtesten Ziele.**
Die Folge: Im Sommer und an Wochenenden geht hier oft kaum noch was. Oberhalb des Trubels liegt die heimelige, viel ruhigere Innenstadt, die zum großen Teil Fußgängerzone ist. Dein erster Weg sollte der in die Touristinformation Husum/Husumer Bucht am Markt sein, denn dort bekommst du den Gratis-Faltplan „Kulturpfad der Stadt Husum", der dich mit diesem Gebäude – nämlich dem historischen Rathaus von 1601 – als erster Station zu 34 Sehenswürdigkeiten in der Innenstadt führt.
Wenn du durch Husum schlenderst, folgst du zwangsläufig auch den Spuren des berühmtesten Sohns der Stadt, Theodor Storm. Er war es, der Husum als „du graue Stadt am Meer" beschrieb und sie so weltbekannt machte. Auch wenn die Häuser inzwischen bunt oder aus Backstein sind: Hängen die Wolken tief über der Stadt, dann kannst du die von Storm so eindringlich beschriebene graue Stimmung erleben.

SIGHTSEEING

MARKT

Hier und in der Großstraße zeugen die Fassaden aus dem 16. und 17. Jh. von der einstigen wirtschaftlichen Blüte Husums. An der Nordseite steht das alte Rathaus, erbaut 1601; das Nachbarhaus (Nr. 1 u. 3) ist eines der ältesten Häuser Husums, der gotische Teil datiert um 1400. Urkundlich erstmals 1520 erwähnt, wurden hier Münzen geprägt. Das Haus Großstraße 21, das heute die Schwan-Apotheke beherbergt, wurde 1656 errichtet. Sehr hübsch ist auch das Treppengiebelhaus Großstraße 18, das Wernersche Haus, mit der backsteinroten Fassade. An der Westseite steht das den Markt beherrschende Gebäude: die hübsche, nicht allzu große, klassizistische *Marienkirche (tgl. 11–16 Uhr)* von 1833 mit einer sehenswerten bronzenen Taufe (1643). Zu Füßen der Kirche erinnert das heimliche Wahrzeichen Husums, der *Tine-Brunnen*, an ein Geschwisterpaar, das 1859 sein Vermögen der Stadt vererbte – wie spendabel! Gegenüber der Marienkirche, am Markt Nr. 9, kam Theodor Storm 1817 zur Welt. Oft verändert, sind nur die vier Fenster im oberen Stockwerk und das Dach vom Geburtshaus des Dichters original erhalten geblieben.

NORDFRIESLAND-MUSEUM – NISSENHAUS HUSUM ★ ☂

Im größten Museum an der Nordseeküste erfährt man alles über Deichbau und Sturmfluten, über den Kampf gegen den „Blanken Hans", aber auch über Natur, Wohnkultur und Alltagsleben an der Küste. Zu verdanken ist dies Ludwig Nissen. Geboren 1855, wanderte er nach Amerika aus, wo er es vom Tellerwäscher bis zum wohlhabenden Diamantenhändler brachte. Er starb 1924 und vermachte sein Vermögen seiner Geburtsstadt Husum.

16. Juni–15. Sept. tgl. 10–17, 16. Sept.–15. Juni Di–So 11–17 Uhr | Eintritt 5 Euro, Sammelticket mit Schloss vor Husum und Ostenfelder Bauernhaus 10 Euro | Herzog-Adolf-Str. 25 | museumsverbund-nordfriesland.de | 1,5 h

SCHIFFFAHRTSMUSEUM NORDFRIESLAND ★

Nordfriesische Schifffahrts- und Fischereigeschichte. Zu sehen gibt es Schiffsmodelle der nordfriesischen Seefahrer. Attraktion ist das „Uelvesbüller Wrack", der archäologische Fund eines sogenannten Frieslandschiffs, eines Frachtenseglers aus dem 16. Jh., konserviert mit Zuckerwasser! Interessant ist auch das Außengelände mit einigen Booten „in echt". *Tgl. 10–17 Uhr | Eintritt 4 Euro, Außengelände und jeden 4. So im Monat frei | Am Zingel 15 | schiffahrtsmuseum-nf.de | 2 h*

HAFEN

Husum hat zwei Häfen: zum einen den *Binnenhafen* mit den alten Kaufmannshäusern, der Schiffswerft und der historischen Slipanlage. Im 16. Jh. schlugen hier vor allem Holländer ihre Waren um, heute liegt hier der Tonnenleger „Hildegard" (Bj. 1907) aufgedockt. Schräg gegenüber ist das Restaurantschiff *MS Nordertor (Mo, Di geschl. | Tel. 04841 77 94 96 | ms-nordertor.de | €)* vertäut. Im *Nationalparkhaus (Mo–Sa 10–18 (Nov.–Feb. bis 17), So 13–17 Uhr | Hafenstr. 3 | Tel. 04841 66 85 30 | nationalparkhaus-husum.de | 1 h)* erfährst du gegen eine Spende alles über den National-

Die Krokusblüte im Husumer Schlosspark: Hunderte Blüten pro Quadratmeter

park und kannst Wattenmeervögel aus nächster Nähe betrachten – weil ausgestopft.

Jenseits der Eisenbahnzugbrücke beginnt der *Außenhafen*. Hier werden in großem Umfang Agrarprodukte verschifft, außerdem Krabben und Nordseefische angelandet. Du kannst Fisch und Krabben direkt vom Kutter „Störtebecker" *(fischvomkutter.de)*, der beim Restaurant La Mer am Kai liegt, kaufen. Die ehemalige Schiffswerft, heute „HDR", hat sich erfolgreich auf die Reparatur und den Innenausbau von Schiffen spezialisiert.

THEODOR-STORM-MUSEUM ★

Das Husumer Kaufmannshaus war von 1866 bis 1880 Storms Zuhause, und die Möbel und Bilder, mit denen es eingerichtet ist, stammen aus dem Nachlass des Dichters. Im original erhaltenen „Poetenstübchen" hat Storm 20 Novellen (u. a. „Pole Poppenspäler") zu Papier gebracht. Und auch im kleinen Garten mit Rosenrondeel und Lindenlaube meint man, dem Dichter jederzeit begegnen zu können. *April–Okt. Di–Fr 10–17, Sa 11–17, So, Mo 14–17, Nov.–März Di, Do, Sa 14–17 Uhr | Eintritt 3,50 Euro | Wasserreihe 31 | storm-gesellschaft.de | 1 h*

WEIHNACHTSHAUS

Hier weihnachtet es das ganze Jahr. Gezeigt wird eine Sammlung zum Thema Weihnachten vom Biedermeier bis heute. Im Laden gibt es Weihnachtsbücher, ausgesuchten Christbaumschmuck und alles, was sonst noch so zu einem gelungenen Fest gehört. Märkte und Veranstaltungen quer durchs Jahr ergänzen das Angebot. *Mitte März–Anf.*

INSIDER-TIPP
Ihr Kinderlein kommet …

Jan. tgl. 11–17, Mitte Feb.–Mitte März 14–17 Uhr | Eintritt 3 Euro , Kinder (6-14 J.) 1 Euro | Westerende 46 | weihnachtshaus.info

OSTENFELDER BAUERNHAUS

Das Museum in dem niederdeutschen Fachhallenhaus aus der Zeit um 1600 wurde bereits 1899 gegründet. Diele, Döns (Wohnraum), Pesel (gute Stube), Herdstelle und Stall sind komplett eingerichtet und dokumentieren den bäuerlichen Alltag. *April–Okt. Di–So 14–17 Uhr | Eintritt 2,50 Euro | Nordhusumer Str. 13 | museumsverbund-nordfriesland.de | ⏱ 0,75 h*

SCHLOSS VOR HUSUM ★

Das im Stil der niederländischen Renaissance erbaute Schloss ist der einzig erhaltene Palast an der Westküste Schleswig-Holsteins. Der Gottorfer Herzog Adolf baute es sich 1577–82 als Nebenresidenz; nach seinem Tod wurde das Schloss zum Witwensitz seiner Gattin. 1752 zu einem Barockschloss renoviert, blieb vom Original nur wenig übrig. Nur die sechs reich verzierten Kamine aus dem 17. Jh. haben alle Umbauten überlebt. Die repräsentativen barocken Räumlichkeiten kannst du besichtigen. Regelmäßig finden hier Sonderausstellungen statt, und im Rittersaal werden Konzerte veranstaltet. *März–Okt. Di–So 10–17, Nov.–Feb. Sa, So 11–17 Uhr | Eintritt 5 Euro | museumsverbund-nordfriesland.de | ⏱ 1 h*

Das kaum veränderte *Torhaus* von 1612 jenseits des Wassergrabens lässt erahnen, wie prächtig das Schloss einst gewesen sein muss. Im März locken Millionen Krokusse Tausende Touristen in den Schlosspark. Dann ist die Schlosswiese von einem satten Violett überzogen. Wer hier einst die ersten Blumenzwiebeln steckte, ist bis heute nicht bekannt.

POPPENSPÄLER-MUSEUM

Pole Poppenspäler ist eine der bekanntesten Figuren Theodor Storms. Im Puppenspieler-Museum guckst du in die Augen von 500 Puppen und Marionetten – Zauberern, Wichteln, Hexen. Was man mit diesen alles auf die Bühne bringen kann, zeigt das zehntägige „Internationale Figurentheater-Festival" jedes Jahr im September. *März–Okt. Di–So 11–17 Uhr, Nov.–Feb. nur Sa, So | Eintritt 2 Euro, Jugendliche (13–17 J.) 1 Euro, Kinder frei | im Schloss vor Husum | pole-poppenspaeler.de | ⏱ 1 h*

ESSEN & TRINKEN

ALEX KITCHEN

Diese Küche ist leicht, frisch, überraschend. Schnelles aus dem Wok, Salate, Thai-Currys, selbst gemachte Pasta, Vegetarisches, Burger. *So geschl. | Rote Pforte 12 | Tel. 04841 9 39 64 99 | alex-kitchen.de | €*

DAS EUCKEN

Husums feine Adresse. 1867 wurde das *Alte Gymnasium* – wie der Name erahnen lässt – als Schule gebaut, heute ist es ein schönes Luxushotel mit zwei Restaurants. Im Eucken gibt es internationale Küche mit regionalem Einschlag, die du à la carte oder in einem fünfgängigen Menü entdecken kannst. Zum Nachsitzen geht es dann in die Bar oder in die Pauker-Lounge. *Tgl., nur abends | im Gewölbe des Hotels Altes Gymnasium | Süderstr. 6 | Tel. 04841 8330 | altes-gymnasium.de | €€€*

HARTMANN'S LANDKÜCHE

Speisekarte? Fehlanzeige. Klaus Thiem kocht das, was der Markt heute hergibt und wozu er gerade Lust hat – seine Suppen, Snacks, Tapas und „Teller" sind allesamt ein Genuss. Von Donnerstag bis Samstag gibt's Frühstück und einmal im Monat Livemusik, „Kultur", und nicht nur dann solltest du reservieren. *So, Mo geschl., Di, Mi nur mittags geöffnet | Neustadt 13 | Tel. 04841 6682219 | hartmanns-landkueche.de | €*

JACQUELINE'S CAFÉ

INSIDER-TIPP
Aus Großmutters Küche

Frühstück, köstlicher Kuchen, kleine Gerichte, Suppen, Salate, Süßspeisen und im Winter Fliederbeersuppe mit Grießklößen – übrigens ein altes Hausmittel bei Erkältungen! *Tgl. bis 18 Uhr | Schlossgang 12 | Tel. 04841 5553 | jacquelines-cafe.de | €*

NORDFRIESISCHES LAMMKONTOR

Deichlamm, Salzwiesenlamm, Weiderind aus Eiderstedt – darum dreht sich hier (fast) alles. Sönke Magnus Müller hält die Biofahne hoch und ist folgerichtig Mitglied bei „Feinheimisch" und „Slowfood". Zum Kontor gehören außer dem *Restaurant im Eiskeller* auch ein Bistro mit Innenhof und ein verführerischer Hofladen. *Mitte April–Okt. Mo–Mi, Fr ab 17.30, Sa ab 12, Nov.–Mitte April Fr, Sa ab 17.30 Uhr | Tel. 04841 4042801 | lammkontor.de | €€€*

SHOPPEN

Willlst du in Husum einen Shoppingbummel machen, hast du's leicht: Markt, Großstraße und Hafenstraße sind Fußgängerzonen oder zumindest verkehrsberuhigt – ein Geschäft reiht sich hier ans nächste. Guck dich auch im unteren Teil der Straße *Neustadt* um, z. B. in der *Galerie Tobien (Nr. 8–10)*. Skandinavische Mode kaufst du bei *Kerits (Nr. 5)*, Delikatessen und Accessoires beim *Alten August (Nr. 9)*, einige der über 60 Lakritzsorten bei *Merlinum (Nr. 20)* und Outdoorequipment im *BW-Laden (Nr. 23–25)*, oder du gehst einmal quer durch den Geschenkegarten bei *Frachtgold (Nr. 13)*.

MARKT

Fisch, Fleisch, Obst, Gemüse, dies und das bieten regionale Produzenten jeden Donnerstag bis zum Mittag auf dem Marktplatz, im Sommer auch samstags.

STADTSCHLACHTER CLAUSSEN

INSIDER-TIPP
Wurst im Weckglas

Nordfriesische Köstlichkeiten wie Sauerfleisch und Pasteten in dekorativen Gläsern, Geräuchertes vom Lamm, Rind oder der Gans und Mettwürste gibt's bei Husums Stadtschlachter, und alles wird auch nett verpackt. *Markt 20 | stadtschlachter.de*

Altes Gymnasium: Der Weg zum Restaurant Eucken führt vorbei an der Hotelrezeption

SPORT & SPASS

STADTFÜHRUNGEN

Du kannst dich verschiedenen Führungen, auch in Husums Umgebung, anschließen, am häufigsten finden die Nachtwächterführungen *(Mitte März–Anfang Mai u. Anfang Sept.–Mitte Dez. Di 20 Uhr, Dauer: 1,5–2 Std. | 5 Euro)* und Stadtrundgänge *(Mitte März–Okt. Mo–Sa 14.30 Uhr, während der Wintersaison auf Anfrage, Dauer: 1,5–2 Std. | 6 Euro)* statt. *Treffpunkt und Infos: Touristinformation | Großstr. 27*

WATTWANDERN

Wattwanderungen zu den Halligen Nordstrandischmoor und Südfall sowie Watterkundungen auf dem Lundenbergsand veranstalten z. B. das *Nationalparkhaus* (s. S. 59) oder die *Natur- und Landschaftsführerinnen Husumer Bucht (husum-naturerleben.de)*. Auch andere naturkundliche Führungen werden angeboten.

STRÄNDE

BADESTELLEN

In die Nordsee steigen kannst du zentrumsnah am *Dockkoog* (u. a. Badesteg, Strandkörbe, Strandcafé) und an der familienfreundlichen Badestelle *Lundenbergsand* in Simonsberg. Den Gezeitenkalender gibt's bei der Touristinformation – damit du wirklich nasse Füße kriegst. *E7*

AUSGEHEN & FEIERN

HUSUMS BRAUHAUS

Gasthaus und Bierkneipe mit hausgebrautem Bier, das bei gutem Wetter auch im Strandkorb im „Strandbiergarten" schmeckt. Passendes Essen wie die eigens kreierte Bier-Currywurst, Spareribs, hausgemachte Spätzle und Burger sorgen für eine gute Grundlage. *Mo–Sa ab 17 Uhr | Neustadt 60–68 | husums-brauhaus.de | €€*

In Schobüll steht die Kirche nicht im Dorf, sondern drüber

SPEICHER

Das Kulturzentrum der Stadt mit buntem Programm: Theateraufführungen, Ausstellungen, Konzerte. Aktuelles Programm vor Ort oder auf der Website. *Hafenstr. 17 | Tel. (Mo, Di, Fr 10–13, Do 10–16 Uhr) 04841 6 50 00 | speicher-husum.de*

RUND UM HUSUM

1 LUNDENBERGSAND

10 km von Husum / 15 Min. mit dem Auto über Finkhauschaussee und Lundenbergweg

Ein Besuch des reetgedeckten Hotels in schöner Alleinlage lohnt sich aus vier Gründen: Das komfortable Day-Spa *(So–Fr mit tel. Anmeldung)* dürfen auch Nicht-Hotelgäste nutzen. Ebenso natürlich das Restaurant *(tgl. abends, Fr–So auch mittags | €€)* mit guten, gesunden Gerichten. Die Badestelle Lundenbergsand liegt gleich hinterm Deich, der berühmte Rote Haubarg (s. S. 83) ist nicht weit weg. *Simonsberg | Tel. 04841 8 39 30 | hotel-lundenbergsand.de | E7*

2 SCHOBÜLL

5 km von Husum / 10 Min. mit dem Auto über Schobüller und Nordseestraße

Über dieses Dorf (1600 Ew.), heute ein Husumer Stadtteil, führt die Hauptzufahrt nach Nordstrand. Weil Schobüll auf dem Geestrücken liegt, braucht es – als einziger Ort an der Nordseeküste – keinen Deich. Wer hier wohnt, hat freien Blick aufs Meer, was auch die Gäste des *Campingplatzes (camping-seeblick.de)* zu schätzen wissen. Zudem ist hier dank einer Seebrücke das Baden in der Nordsee auch bei Ebbe möglich.

Über dem Ort thront das knuffige ★ ☂ *Kirchlein am Meer (kirchlein-am-meer.de)*, eine frühgotische Backsteinkirche aus dem 13. Jh. mit einer kostbaren Innenausstattung – beliebt als Hochzeitskirche und bekannt für Klassikkonzertveranstaltungen. *E6*

3 HATTSTEDTERMARSCH

11 km von Husum / 15 Min. mit dem Auto über Husumer Straße, Hattstedt und Wobbenbüll

Hier bist du im „Schimmelreiterland". Theodor Storm, so nimmt man an, soll diese Landschaft für seine berühmte Novelle vor Augen gehabt haben. Wer in dieser Marsch Hauke Haiens Spuren und Storms Motive sucht, sollte sich den *Schimmelreiterkrug* ansehen, ein Hof aus dem Jahr 1870 und ehemalige Gaststätte (heute ein Wohnhaus) gleich hinterm Deich. Wenn du in Wobbenbüll die Deichstraße nimmst, kommst du nach ca. 3 km direkt dorthin. 1934 wurde hier die Geschichte um Hauke Haien verfilmt.

Der Turm der *Hattstedter Kirche*, errichtet Ende des 15. Jhs., war früher ein weithin sichtbares Seezeichen, und ist auch heute bei der Fahrt auf der B 5 nicht zu übersehen. *E6*

4 ARLAUSCHLEUSE

14 km von Husum / 20 Min. mit dem Auto über Hattstedt, Wobbenbüll und Hattstedtermarsch

Nordwestlich von Husum mündet die Arlau in die Nordsee. Folgst du auf der B 5 vor Hattstedt dem Wegweiser „Arlauschleuse", schlängelt sich die Straße durch den Koog und führt dich zum Hotel *Arlau-Schleuse*, ein perfekter Startpunkt, um rund um den Beltringharder Koog zu radeln (s. S. 68) oder mit dem Kanu auf der Arlau zu paddeln. Danach gibt's im Restaurant *Deichgraf (tgl. | Tel. 04846 6 99 00 | arlau-schleuse.de | €€)* hervorragende Jahreszeitenküche – im Frühling z. B. Lammkeule, im Herbst Wildschweinbraten. *D–E6*

5 PAULSEN'S

16 km von Husum / 20 Min. mit dem Auto über B 5 und Almdorf

Mitten auf dem platten Land, im Dorf Bohmstedt, ist das hübsche, ruhige „Landhotel und Restaurant" zu finden: Helles Holz und Apfelgrün sind die vorherrschenden Farben im gemütlichen Restaurant, fein, klein und regional geprägt ist die Speisekarte. *Tgl.,*

WIE BEI MUTTERN

„Mensch Hertha, dein Pflaumenkuchen is' mal wieder deeermaßen sabschig – ich könnt' mich glatt reinsetzen!" Komplimente wie dieses an der sonntäglichen Kaffeetafel müssen ihn ausgelöst haben, den Boom der Landcafés: Plietsche Bäuerinnen wie Hertha sahen die Chance auf einen Nebenverdienst, wenn sie ihr hochgelobtes Backwerk einem breiteren Publikum zugänglich machten. Und so treffen sich – nicht nur sonntags – auf den Bauernhöfen von Hertha und ihren Kolleginnen überall im Land Nachbarn, Freunde und Verwandte bei Blechkuchen, Tortenstücken und dick belegten Broten zum Klönschnack. Empfehlenswerte Cafés gibt's reichlich an der Küste – hier nur drei Tipps: in Husum das *Künstlercafé (kuenstlercafehusum.de)*, in Dithmarschen das *Koog Café (koog-cafe.de)* im Wesselburenerkoog, in Nordfriesland das *Frühlings Café (fruehlings-cafe.de)* in Joldelund. Einige weitere Adressen findest du in diesem Buch und viele mehr unter *bauernhof-cafe.de.*

Mo–Sa nur abends | Norderende 8 | Bohmstedt | Tel. 04671 15 60 | paulsens-hotel.de | €€ | ⧉ E6

NORDSTRAND

(⧉ D–E 6–7) **Mit der Inselherrlichkeit ist es auf Nordstrand (2250 Ew.) seit 1987 vorbei. In diesem Jahr wurde nämlich der letzte Deich am nördlich liegenden Beltringharder Koog fertiggestellt und die Insel, die schon zuvor über einen 4 km langen Autodamm erreichbar war, damit endgültig zur Halbinsel.**

Nordstrand war und ist ein Rest der einstigen Insel Strand, die von den schweren Sturmfluten 1362 und 1634 zerrissen wurde. Die Halbinsel ist auf drei Seiten von einem Seedeich umgeben und hat somit, bis auf künstlich aufgeschütteten Sand, grünen Strand. Nordstrand ist Bauernland. Seit 1991 auch Seeheilbad, aber hier die Ferien zu verbringen heißt Spazierengehen, Fahrradfahren, Wattwandern. Touristentrubel kennt Nordstrand nicht, auch wenn vom kleinen Hafen *Strucklahnungshörn* die Fähre nach Pellworm und Ausflugsdampfer u. a. zur Hallig Hooge und zu den Seehundbänken ablegen. Detaillierte Infos im MARCO POLO Band „Föhr/Amrum".

ESSEN & TRINKEN

AM HEVERSTROM

Im Hotelrestaurant am Süderhafen wirst du – neben dem Anblick eines aufwendig geschnitzten Tresens oder im Sommer den Ausblick von der Terrasse – eine sehr gute regionale Küche genießen: Probier nur mal die Scholle! *Mi–Mo, Nebensaison Mi–So nur abends | Heverweg 14 | Tel. 04842 80 00 | am-heverstrom.de | €€*

Auf Nordstrand geht's beschaulich zu – auch am Süderhafen

PHARISÄERHOF

Friesisch-gemütliches Café, helles Bistro-Restaurant und für den Abend eine Kaminlounge mit Bar. 1872 wurde hier, so wird behauptet, der erste Pharisäer getrunken. Selbst gemachtes Eis, schöne Terrasse, Hofladen. *Café tgl. 11–18, Restaurant u. Lounge Mi–Mo 18–21 Uhr | Elisabeth-Sophien-Koog 3 | Tel. 04842 3 53 | pharisaerhof.de | €€*

WATT'N GRILL

Unkonventioneller Treffpunkt – auch der Einheimischen – hinter dem Silo am Süderhafen; irgendwas zwischen Imbiss und Kneipe. Große Burger, Currywurst, Sauerfleisch mit Bratkartoffeln, gute Fischbrötchen, aber auch Grünzeug – alles, was zum Sattwerden und Rundum-Wohlfühlen dazugehört, inklusive netter Bedienung und Terrasse. *Mi geschl. (außer Juli, Aug.) | Süderhafen | Tel. 04842 9017855 | wattn-grill.de | €*

INSIDER-TIPP
Bevorzugtes Format? XXL!

SHOPPEN

GALERIE „LAT DI TIED"

Die Galerie neben der Töpferei zeigt und verkauft jenseits von jedem Küstenkitsch geschmackvolle Bilder, Bildbände, Wohnaccessoires, Schmuck, Tücher, Taschen … *Süden 46*

INSIDER-TIPP
Schönes für Heim & Mensch

NORDSTRANDER TÖPFEREI

Seit mehr als 15 Jahren dreht sich hier die Töpferscheibe, und in den Öfen wird die friesische, blau-graue Glasur auf Schüsseln, Teller und Tassen gebrannt. Durch eine Verbindungstür kommst du in die *Teestuv*, wo du gleich mal ausprobieren kannst, wie Kaffee, Tee und Kuchen in und auf diesem Geschirr schmecken. *Tgl. | Süden 44 | nordstrander-toepferei.de*

SCHÄFEREI BAUMBACH

Der Hofladen liegt gleich links hinterm Deich, wenn man auf die Halbinsel kommt. Alles vom Schaf – von Fleisch bis zur Seife. Frische Produkte, auch vom Gallowayrind, werden mitnahmetauglich verpackt. *April–Okt. Mo–Sa bis 18, Nov.–März bis 16.30 Uhr, So immer ab 10.30 Uhr | Pohnshalligkoogstr. 1 | lammfleisch.de*

SPORT & SPASS

WATTWANDERUNGEN

Naturkundliche Wattführungen *(1,5–2,5 Std. | 4–5 Euro)* starten z. B. am

Holmer Siel. Wanderungen zur Hallig Nordstrandischmoor inklusive Einkehr im Halligkrug organisiert u. a. Wattführerin *Regina Matthiesen (5 Std. | 5 Euro | Tel. 04841 29 35 | wattwandererlebnis.de). Termine bei der Kurverwaltung Nordstrand | Schulweg 4 | nordstrand.de*

STRÄNDE

Schwimmen in der Nordsee, Spielen oder Faulenzen am Deich – das kostet auf Nordstrand nix, denn eine Kurabgabe gibt es in der gesamten Husumer Bucht nicht, dafür drei Badestellen: am Campingplatz Elisabeth-Sophien-Koog, bei Fuhlehörn und am Holmer Siel, wo du auch windsurfen kannst.

RUND UM NORDSTRAND

6 BELTRINGHARDER KOOG

5 km vom Nationalparkhaus Nordstrand bis „Zum Strandkorb"/15 Min. mit dem Rad am Deich entlang

Der Koog ist das größte Naturschutzgebiet (33,4 km²) des schleswig-holsteinischen Festlands und verbindet dieses mit dem Norden Nordstrands. Er besteht aus verschiedenen Biotopen, in denen ebenso verschiedene Tiere (vor allem Vögel) und Pflanzen leben: der Salzwasserlagune, dem Feuchtgrünland und einer Wildniszone, in der auch das Arlau-Speicherbecken und der Holmer See liegen. Du kannst den Koog mit dem Fahrrad umrunden. Die Gesamtstrecke zwischen dem Lüttmoordamm im Norden und dem Nordstrander Damm im Süden beträgt etwa 45 km. Verpflegen kannst du dich im Bistro *Zum Strandkorb (Woche vor Ostern–Anf. Nov. tgl. 12–18 Uhr | Tel. 04842 90 01 03 | short.travel/nsh 10)* am Holmer Siel, z. B. mit einem „Strandkorbbrötchen" oder krossen Bratkartoffeln. *D6*

INSIDER-TIPP **Brötchen oder Bratkartoffeln?**

7 NORDSTRANDISCHMOOR

1 Std. mit dem Schiff ab Strucklahnungshörn

Die 180 ha große Hallig, auch Lüttmoor genannt, ist durch einen Schienendamm mit dem Festland verbunden. Die Loren sind aber kein öffentliches Verkehrsmittel, sondern Versorgungsfahrzeuge: Sie bringen den 27 Halligbewohnern alles Lebensnotwendige. Für Besucher werden in den Sommermonaten Schiffsausflüge und kombinierte Rad- und Wattwanderungen nach Nordstrandischmoor organisiert. Wer auf der Hallig urlauben will, der kann auf zwei der vier Warften eine Ferienwohnung mieten – und wird auf Wunsch auch mit der Lore abgeholt. Sehenswert ist der *Halligfriedhof*. Hier liegen sämtliche Grabsteine flach in der Erde, damit sie von den Fluten nicht umgerissen werden – immerhin meldet Nordstrandischmoor etwa 50-mal im Jahr „Land unter". *nordseetourismus.de, nordstrandischmoor | Infos zu Schiffsfahrten, Halligwanderungen*

Wer nicht laufen mag, fährt mit zwei PS durch Polder und Watt nach Südfall

etc.: Kurverwaltung Nordstrand | Schulweg 4 | nordstrand.de | D6

8 SÜDFALL

7 km ab Fuhlehörn / 2,5 Std. zu Fuß

Auf dieser nur 56 ha großen Hallig lebt einsam der Vogelwart mit seiner Familie. Wer ihn besucht, wird mit Würstchen und Kuchen verköstigt. Doch nach Südfall kommst du nur im Rahmen genehmigter Führungen, entweder mit Pferd und Wagen oder zu Fuß. Wer sich gemütlich von zwei Pferdestärken kutschieren lässt, ist etwa drei Stunden unterwegs, zu Fuß ist man knapp fünf Stunden auf den Beinen. Jeweils eine Stunde hat man Aufenthalt. *April–Okt. | Führungen: Christine Dethleffsen (9 Euro | Tel. 04671 66 14 | watt-wandern.de) | Kutschfahrt ab Fuhlehörn/Nordstrand: Elvira Andresen (20 Euro | Tel. 04842 3 00, tgl. 8–15 Uhr) |* C7

INSIDER-TIPP
Mit 2 PS durchs Wattenmeer

SCHÖNER SCHLAFEN IN DER HUSUMER BUCHT

FÜR HUND MIT MENSCH

Gleich neben dem berühmten *Pharisäerhof (Elisabeth-Sophien-Koog 3 | Tel. 04842 3 53 | pharisaeerhof.de | €€)* können vor allem Hunde mit ihren Menschen „Urlaub frei Schnauze" machen: in 28 hellen, freundlichen Zimmern, die Hälfte mit Terrasse. Wellnessoase mit zwei Saunen und Fahrrad inklusive. Für die Rundum-Verpflegung sorgt die Restauration im Pharisäerhof.

EIDERSTEDT

WATT, HAUBARGE UND EIN SUPERSTRAND

Ihre Nasenspitze lockt. Die „Nase" heißt Eiderstedt und bietet an ihrer westlichen Spitze 12 km allerfeinsten Sandstrand. Eilige Badegäste fahren daher über Tönning oder queren die Eider am Eidersperrwerk, um schnell zur Spitze zu kommen. Heute geht das, doch um das Jahr 1000 gab es Eiderstedt noch gar nicht; die Landschaft bestand aus vielen Inseln. Erst den Niederländern, die im 17. Jh. an die Westküste kamen, gelang es, die Wasserläufe zwischen der heutigen Halbinsel und dem Festland trockenzulegen.

Nirgendwo an der Küste ist der Strand so breit wie vor St. Peter-Ording

Wer es nicht eilig hat und die Hauptstraßen verlässt, bekommt eine Ahnung vom einstigen Reichtum der Bauern. Zeitzeugen sind 19 Kirchen mit kostbaren Kunstwerken und stattliche Bauernhäuser, die Haubarge. Sie erzählen von einer landwirtschaftlichen Blütezeit im 17. Jh. Auch heute noch züchten die Eiderstedter Bauern auf ihrer – übrigens beinahe windradfreien – Halbinsel Rinder und Schafe, ernten Raps und Weizen – doch das meiste Geld wird mit der Nasenspitze verdient.

EIDERSTEDT

Süden
Heverstrom
Westerhever
1 Leuchtturm Westerheversand
Poppenbüll
36 km, 35 Min.
3 Tetenbüll
5 km, 17 Min.
Katharinenheerd
202
2 Tating
202
Sandwehle
Garding
S. 77
Strand St. Peter-Ording
St. Peter-Ording
S. 74
Schankwirtschaft Wilhelm Andresen
Welt
6
4
Vollerwiek
Katinger Watt
5
Eidersperrwerk
Helgoländer Bucht
2 km
1.24 mi

MARCO POLO HIGHLIGHTS

★ **FRIEDRICHSTADT**
Wie in Holland: Grachten und Giebelhäuser ➤ S. 83

★ **STRAND ST. PETER-ORDING**
Die größte Sandkiste an der Nordseeküste ➤ S. 74

★ **LEUCHTTURM WESTERHEVERSAND**
Oben sagen Paare ja ➤ S. 76

★ **MULTIMAR WATTFORUM**
An Land unter Wasser gucken ➤ S. 80

★ **ROTER HAUBARG**
Museum und Gaststätte unterm riesigen Reetdach ➤ S. 83

★ **KATINGER WATT**
Ein Watt mit Wald und Wiese, Aussichtsturm und Naturzentrum, Wildpferden und Vögeln ➤ S. 81

ST. PETER-ORDING

(◫ C8) **St. Peter-Ording ist die Sandkiste der Nordseeküste. ★ 12 km Strand, da ist genug Platz für die 400 000 Strandläufer, die es hier jährlich ans Wasser drängt.**

Und laufen musst du am Westzipfel Eiderstedts. Der Strand ist bis zu 2 km breit, der Weg zum Wasser weit. Im Ortsteil St. Peter-Bad z. B. pilgerst du über die 1058 m lange Seebrücke, bis du Sand und Wasser unter die Füße bekommst. Da sind die Fahrradstege zum Böhler und Ordinger Strand eine echte Alternative. In Ording und Böhl ist es Gästekarteninhabern vom 15. März bis 31. Okt. erlaubt, im Auto über den Strand zu fahren *(Parkplakette 8 Euro/Tag)*. Hast du ein Herz für die Umwelt, jedoch müde Füße, dann chauffiert dich der Ortsbus kostenlos an deinen Badeplatz. Außerdem locken ein 350 ha großer Kiefernwald zum Wandern und eine schwefelhaltige Solequelle – St. Peter-Ording ist Nordseeheilbad.

Aus vier Ortsteilen ist St. Peter-Ording (4000 Ew.) zusammengewachsen: In *Dorf*, dem alten Ortskern, gibt es zig Restaurants und Boutiquen; mittendrin die Kirche *St. Peter* mit Eiderstedts ältestem Schnitzaltar (um 1480). In *St. Peter-Bad* befinden sich die Kurverwaltung und das Wellenbad mit Dünensauna und Therme. Sportlicher geht es in *Ording* zu: Dort treffen sich Surfer und Strandsegler, werden Mann und Frau (erlaubt) nahtlos braun. In *St. Peter-Böhl* ist es eher beschaulich, hier steht auch St. Peters Leuchtturm, und die Tiere im *Westküstenpark* (s. u.) warten auf Besucher.

SIGHTSEEING

MUSEUM DER LANDSCHAFT EIDERSTEDT

In dem friesischen Bauernhaus aus dem 18. Jh. gibt es alte Möbel, Haushalts- und Wertgegenstände zu sehen. *Juni–Sept. tgl., April, Mai, Okt. 10–17, Nov.–März Di–So 11–16 Uhr | Eintritt 5 Euro | Olsdorfer Str. 6 | museum-landschaft-eiderstedt.de | ⏲ 1 h*

WESTKÜSTENPARK & ROBBARIUM

Schafe, Ziegen, Esel, Kaninchen, Ponys und andere Tiere darf man hier streicheln und füttern. Im Robbarium zeigen Seehunde, was sie können. Es gibt naturnah gestaltete Landschaftselemente, wie z. B. einen Knick, mit ihren tierischen Bewohnern zu sehen, Vögel in (teils begehbaren) Volieren, und eine Rehastation für verölte Seevögel. Zum Toben ist ein Naturspielplatz da. *Mitte März–Mitte Nov. tgl. 9.30–18, Jan.–Mitte März Sa, So 10–16 Uhr | Eintritt 10,50, im Winter 7 Euro, Kinder (3–15 J.) 7/5 Euro | Wohldweg 6 | westkuestenpark.de | ⏲ 2,5 h*

PFAHLBAUTEN

Die 13 Pfahlbauten – ab 1911 an fünf Stellen des Strands gebaut – sind charakteristisch für St. Peter-Ording. Sie sind nur in der Saison (März/April–Okt.) geöffnet. Bis zu 8 m über dem

Sand bzw. Wasser liegen Restaurants, Sanitäranlagen und Strandaufsichten. Wer trockenen Fußes zurück aufs Festland will, schaut vorher in den Gezeitenkalender. 2018–22 wurden und werden einige der Pfahlbauten aufgrund immer höherer Wasserstände um 160 m zurückversetzt.

ESSEN & TRINKEN

DIE INSEL

Auf der Terrasse sitzt du quasi in der ersten Reihe. In einem Strandkorb studierst du die reichhaltige Karte: vom Flammkuchen bis zur Friesenwaffel, von der Gurkensuppe bis zum Glückstädter Matjes. Dann musst du dich entscheiden. *Tgl. | Im Bad 27 | Tel. 04863 95 05 40 | restaurant-die-insel.de | €€*

ESSZIMMER

Das Restaurant im Hotel Zweite Heimat setzt ganz auf Regionalität – und die Speisekarte verrät, wer die Hauptlieferanten der Zutaten sind, die die Küche zu schnörkellosen Gerichten verarbeitet. Beim Kabeljau ist es die Nordsee, beim Rumpsteak die Eiderstedter Wiesen. *Tgl. 12–21.30 Uhr | Am Deich 41 | Tel. 04863 47 48 91 12 | hotel-zweiteheimat.de | €€€*

SEEKISTE

Matjestatar oder ein Kartoffelsüppchen als Vorspeise, danach Lammbraten mit Wirsing oder eine Kutterscholle: Die deftige und trotzdem raffinierte Küche lohnt die Wanderung zu diesem Pfahlbau. *April–Okt. tgl. | Am Böhler Strand | Tel. 04863 47 67 57 | dieseekiste.de | €€*

STRANDHÜTTE/ AXELS RESTAURANT

Schon tagsüber haben die Gerichte Witz: z. B. Pulled Lamb mit Minz-Tzatziki oder Fish 'n' Chips mit Zitronenmayonnaise. Ab 18 Uhr nähert man sich hoch überm Meer der Hochküche – mit geschmorter Kalbsbacke oder geflämmtem Seeteufel. *Mitte März–Anf. Jan. Mi–So | Zum Südstrand | Tel. 04863 4747011 | die-strandhuette.de | €€, abends €€€*

SHOPPEN

MINT & ZIMT

Von ausgefallenen Accessoires fürs Heim über Mode für Frau und Mann bis Schokolade aus England – im „lieben Lädchen" wirst du garantiert was Schickes finden. Besonders abgefahren: Plüschtierköpfe als „Jagdtrophäe" für die Wohnzimmerwand. *Olsdorfer Str. 8 | mintundzimt.com*

INSIDER-TIPP
Souvenir geschossen!

SINN & FREUDE

Man könnte auch „Pinsel & Planke" sagen, denn Jennifer und Frank Timrott machen in ihrer „Meerwerkstatt" aus Treibholz Bilder. Ansehnlich! Und für Freunde konventionelleren Wandschmucks gibt es schöne gerahmte Fotos mit Motiven von Meer und Küste. *Dorfstr. 27 | sinn-und-freude.de*

TENDENZ

Schnickschnack – aber durchaus mit Stil! Döschen und Decken, Seifen und Servietten, Geschirr und Gedöns. *Dorfstr. 9 | Facebook: @Tendenzspo*

SPORT & SPASS

Das vielfältige Sportangebot entspricht der Größe des Strands: Es reicht von Beachsoccer über Reiten und Surfen bis zum Strandsegeln. Am Strand von St. Peter-Bad gibt es täglich Gymnastik und weitere Gratis-Action zum Mitmachen. *Auskünfte bei der Tourismus-Zentrale | Maleens Knoll 2 | st.peter-ording.de*

WELLNESS

DÜNEN-THERME

Erlebnisbad mit allerlei Wasserspielen, u. a. einer Turborutsche, die 8 m freien (Wasser-)Fall garantiert. Wer in der Sauna schwitzt, hat Blick aufs Meer, dazu gibt es einen Wellnessbereich und ein Restaurant. *April–Okt. tgl. 10–22, Anfang Nov.–März Mo–Fr 14–22, Sa, So 10–22 Uhr | Staffelpreise: ab 9,50 Euro (2,5 Std.), Tageskarte 13,50 Euro zzgl. Kurabgabe | Maleens Knoll 2 | duenen-therme.de*

RUND UM ST. PETER-ORDING

1 LEUCHTTURM WESTERHEVERSAND ★

18 km von St. Peter-Ording / 30 Min. mit dem Auto über Koogstraße bis zum Parkplatz

DAS Wahrzeichen der Westküste, bekannt durch Film, Funk und Fernsehen. Der rot-weiße Turm mit den beiden Wärterhäuschen ist inklusive der Warft, auf der er steht, 41,5 m hoch. Er wurde 1907 auf einem Fundament aus Baumstämmen errichtet, um ein Absacken zu verhindern. Der Turm *(Führungen Ostersonntag–Okt. Mo, Mi, Sa 10, 11, 13, 14, 15, 16 Uhr | Eintritt 6 Euro | Tel. 04865 12 06 | westerhever-nordsee.de)* kann nur nach telefonischer Anmeldung und 2,5 km Fußweg ab dem *Info-Hus (Ahndelweg 4)* besichtigt werden. Aber dann der Ausblick: gigantisch! Für Paare, die hier oben einander Ja sagen möchten, führen 157 Stufen in den Ehehimmel: Infos unter *short.travel/nsh8*. *C7*

GARDING

(D8) **In Garding (2700 Ew.), genau auf halber Strecke zwischen Tönning und St. Peter-Ording, führen alle Wege zum Marktplatz. Auf dem bauen seit über 400 Jahren jeden Dienstag Händler ihre Stände auf.**

Im Zentrum des Treibens, auf dem höchsten Punkt der Stadt, steht die St.-Christians-Kirche aus dem 12. und 15. Jh. Ihr massiver Turm wirkt, als wolle er die kleinen Häuser drum herum behüten. Das *Alte Rathaus (Enge Str. 5 | kunstkultur-nf.de)* ist heute ein Kulturzentrum mit sehenswerten Kunstausstellungen.

SIGHTSEEING

THEODOR-MOMMSEN-GEDÄCHTNIS

Das älteste Haus der Stadt, das Alte Diakonat am Kirchplatz, ist das Geburtshaus des Rechtswissenschaftlers und Historikers Theodor Mommsen (1817–1903). 1902 wurde Mommsen

Westerheversand – der wohl bekannteste Leuchtturm an der Nordseeküste

Kräutrig-cremig bis würzig-pikant: Käsespezialitäten aus Tetenbüll

ls erster Deutscher für seine Schriften zur römischen Geschichte mit dem Nobelpreis für Literatur ausgezeichnet. Im modernen Anbau ist eine kleine Gedenkausstellung eingerichtet. *Juni–Aug. Di–Fr 8.30–11.30, Sept.–Mai 15–17 Uhr und n. V. | Eintritt frei | Am Markt 5 | Tel. 04862 100310 | ⏲ 0,5 h*

ESSEN & TRINKEN

KERLINS KUPFERPFANNE

Ungewöhnlich, aber köstlich: 18 verschiedene Schwyzer-Rösti-Gerichte, aber auch hervorragende, saisonale Fleisch- und Fischgerichte. *Mi geschl. | Fischerstr. 1 | Tel. 04862 256 | kerlins-kupferpfanne.de | €€*

TAPAS BAR NO.5

España auf Eiderstedt: Hier geht's locker zu, und ihr dürft euch auf sehr gute Tapas, (spanische) Weine und Cocktails freuen. Wenn ihr zu zweit kommt und eine der vier Paella-Varianten verspeisen wollt, bestellt ihr die am besten gleich bei der telefonischen Tischreservierung oder bleibt ein Dreiviertelstündchen beim Wein – es lohnt sich! *Mi–Sa nur abends | Fischerstr. 5 | Tel. 04862 2018373 | tapas-bar-no5.de | €*

INSIDER-TIPP
Pannfisch auf Spanisch

RUND UM GARDING

2 TATING

6 km von Garding / 10 Min. mit dem Auto über B 202

Das Örtchen (1000 Ew.) besitzt neben St. Magnus, der ältesten Kirche Eiderstedts (ab 1103), und einigen netten Lädchen zum Stöbern auch den 4 ha großen *Hochdorfer Garten (hochdorfer-garten.de,* der um 1760 nach den formalen Prinzipien der französischen Gartenbauarchitektur angelegt wurde. Nach dem Spaziergang durch den denkmalgeschützten Park schaust du im Café *Schweizer Haus (Mo geschl. | schweizerhaus-tating.de)* vorbei, denn die Kuchen und Tortenstücke dort sind ebenso gewaltig wie unwiderstehlich. *C8*

INSIDER-TIPP
Durch den Barockgarten schlendern

3 TETENBÜLL

5 km von Garding/10 Min. mit dem Auto über B 202 und Katharinenheerd

Da liegt es nun, das Bilderbuchdorf, inmitten von grünem Land mit Schafen und Haubargen drumherum. Die Kirche St. Anna, der *Kirchspielkrug (Karkenstraat 1 | Tel. 4862 8096 | Facebook: Kirchspielkrug Tetenbüll)* als echter Landgasthof, das *Café im Theatrium (April–Okt. tgl. ab 14 Uhr, Nov.–März Mo, Di geschl. | Kartenstraat 13 | cafetheatrium.tetenbuell.com)*, die überregional bekannte *Friesische Schafskäserei (Kirchdeich 8 | friesische-schafskaeserei.de)* und viele Galerien machen aus dem Dorf (620 Ew.) so etwas wie einen Sehnsuchtsort. Im *Haus Peters (Juni–Sept. Di–So 11–18, Okt.–Dez. 13–17, März–Mai 14–18, Jan., Feb. Sa, So 13–17 Uhr | Eintritt frei | Dörpstraat 16 | hauspeters.info)* wirst du dich in die gute alte Zeit versetzt fühlen. Der ehemalige Kaufmannsladen aus dem Jahr 1820 ist die älteste erhaltene dörfliche „Hökerei" Schleswig-Holsteins. Zu sehen gibt es auch einen Raum mit Radierungen von Horst Janssen, Wechselausstellungen zu Kunst und Regionalgeschichte und einen Bauerngarten. Kaufen geht auch: Kunsthandwerk, Bücher, Marmelade ... *D8*

INSIDER-TIPP
Darf's auch etwas Kunst sein?

TÖNNING

(E8) **Willst du das alte Tönning entdecken, dann fahr zum Hafen, der 2023 seinen 410. Geburtstag feiern wird. Er ist der schönste an der Nordseeküste: Auch heute noch zeugen die gut erhaltenen Gebäude auf dem Hafendeich – Wohnhäuser, Restaurants – von einstiger wirtschaftlicher Blüte.**

Tönnings Lage an der Eidermündung sorgte für Wohlstand. Getreide, Käse und Wolle wurden hier im 17. und 18. Jh. umgeschlagen, Vieh nach England verschifft. Ende des 19. Jhs. fiel die Hafenstadt, nicht zuletzt durch den Bau des Kaiser-Wilhelm-Kanals, in einen Dornröschenschlaf, jedoch ohne Schloss. Dies war im Zuge der dänischen Belagerung im 18. Jh. abgerissen worden; geblieben ist der Park. Wachgeküsst vom Tourismus, ist Tönning (5000 Ew.) heute ein beliebter Urlaubsort.

SIGHTSEEING

MARKTPLATZ

Rund um den Sandsteinbrunnen von 1613 erzählen noch einige Giebelhäuser vom einstigen Reichtum. Im Norden des Platzes ragt der 62 m hohe, 1706 errichtete Barockturm der *St.-Laurentius-Kirche* empor. Im Inneren ist vor allem das barocke Deckengemälde von 1704 sehenswert.

PACKHAUS

Auf der 4000 m² großen Fläche des imposanten dreistöckigen Gebäudes von 1783 wurden Rinder und Schafe zusammengetrieben, bevor sie verschifft wurden. Waren aus dem ganzen Land wurden hier auf die Reise geschickt. Heute wird eine Ausstellung zur Stadtgeschichte gezeigt. Außerdem finden ganzjährig Veranstaltungen statt – vom Krabbenpulkurs übers Mondscheinkino bis zum kultverdächtigen Ostereiermarkt und dem „Weihnachtsereignis": Dann wird das Packhaus, festlich illuminiert, zum Guinnessbook-zertifizierten längsten Adventskalender der Welt. *Ausstellung: Mai–Sept. Mi–So 14.30–17.30 Uhr | Eintritt frei | Am Eiderdeich/ Hafen | packhaus-toenning.de*

INSIDER-TIPP
Events im Multipack

MULTIMAR WATTFORUM ★

Das Wattforum ist einzigartig an der Nordseeküste: 36 m² misst die Panoramascheibe des größten der 37 Aquarien – in 250 000 l Meerwasser ziehen u. a. Störe, Seelachse und Nagelrochen ihre Bahnen. Im zweistöckigen Turmbecken leben z. B. Seewölfe und Dorsche. Letztere kannst du vom Restaurant in der zweiten Etage beobachten – und umgekehrt. Star im Wattforum ist ein Pottwal, 1996 vor der Insel Rømø gestrandet. Im Walhaus hängt der 17,5 m lange Koloss an Stahlseilen unter der Decke, in Gesellschaft von drei Schweinswalen und einem 6,5 m langen Zwergwal, der ein Jahr zuvor am Hindenburgdamm gestrandet war. Restaurant mit großzügiger Terrasse. *April–Okt. tgl. 9–18, Nov.–März 10–17 Uhr | Eintritt 9 Euro, Kinder (4–15 J.) 6 Euro | Am Robbenberg | multimar-wattforum.de | 3 h*

ESSEN & TRINKEN

ALTE SCHULE

Das Restaurant des Biohotels Miramar ist ein gefundenes Fressen für Vegetarier! Auch Lamm und Lachs kommen

Zum Greifen nah kannst du manchen Bewohnern des Multimar Wattforums kommen

aus Biozucht und der Schafskäse natürlich aus Tetenbüll. *Tgl. | Westerstr. 21 | Tel. 04861 90 90 | biohotel-miramar | €*

GODEWIND

Sehr gemütliches Restaurant mit Wintergarten und Terrasse in einem denkmalgeschützten Gebäude am Hafen, das auch ein Hotel beherbergt. Auf der Speisekarte gibt Fisch den Ton an. *Tgl. | Am Hafen 23 | Tel. 04861 66 00 | hotel-godewind.info | €€*

WEINGARTEN

Urige Atmosphäre und eine umfangreiche Karte. Vor die Qual der Wahl werden dich vor allem die fantasievollen Pasta- und Rumpsteakvariationen stellen. *Mo u. Di-Mittag geschl. | Herrengraben 8 | Tel. 04861 10 03 | weingartenamschlosspark.de | €€*

SHOPPEN

ALTE FISCHEREIGENOSSENSCHAFT

Frischer als hier, direkt am Hafen, kaufst du Krabben, Fischbrötchen, Räucherfisch und Salate nirgendwo. Oder du schaust auf die kleine Speisekarte *(€)* und verspeist Krabben, Scholle und Matjes gleich vor Ort. *März–Okt. Mo–Fr 8–18, Sa 8–13 Uhr, im Winter kürzer | Am Eiderdeich 12*

EMMA

Klein, aber oho ist dieser Laden, der skandinavische Wohnaccessoires an den Mann bzw. die Frau bringt. Zeit zum Stöbern solltest du auf alle Fälle mitbringen. *Mo geschl. | Neustadt 50 | emma-skandinavien.de*

RUND UM TÖNNING

4 KATINGER WATT ★

10 km von Tönning / 15 Min. mit dem Auto über Katinger Landstraße

Dieses Watt ist etwas ganz Besonderes: ein Mosaik aus Laubwald und Schilfflächen, aus Überschwemmungswiesen, Tümpeln und Teichen, das man zu Fuß, mit Rad oder Pferd erkunden kann. Nach dem Bau des Eidersperrwerks (1973) fielen etwa 1500 ha Mündungswatt der Eider trocken; 1976 wurden die ersten Bäume gepflanzt. Dieses ungewöhnliche Nebeneinander von Wiese, Wald und Watt lockt viele Vogelarten an. Der Schafsberg, ein künstlicher Hügel mitten im Watt, war im Fall eines extremen Hochwassers Rückzugsgebiet für die Schafe. Heute, nach der Trockenlegung, steht dort ein 13 m hoher Aussichtsturm, von dem man mit Fernglas ausgerüstet z. B. brütende Kiebitze, sich mausernde Krickenten, rastende Goldregenpfeifer und jagende Seeadler beobachten kann. Das *Naturzentrum Katinger Watt (April–Okt. tgl. 10–18 Uhr | Eintritt 1,50 Euro, Kinder 1 Euro, Führung durchs Watt ab 3 Euro | Lina-Hähnle-Haus | Katingsiel 14 | Tel. 04862 80 04 | nabu-katinger-watt.de)* bietet Watterkundungen, vogelkundliche Führungen, Fahrradtouren und Kindernachmittage an. *D8*

5 EIDERSPERRWERK

10 km von Tönning / 15 Min. mit dem Auto über Badallee entlang der Eider

Allein wegen des Interieurs eine Einkehr wert: die Schankwirtschaft Wilhelm Andresen

Für Urlauber ist das Eidersperrwerk vor allem eine Abkürzung auf dem Weg von Hamburg nach St. Peter-Ording. Wer nicht über Tönning fahren möchte, wählt ab Heide den Weg Richtung Wesselburen über den 4,8 km langen *Eiderdamm* und durch den 263 m langen Tunnel des Sperrwerks – ohne zu ahnen, was sich rund um den Tunnel tut. Sind unter der Autoröhre die fünf Schotten von je 40 m Breite „dicht", wird die Nordsee bei einer Sturmflut ausgesperrt. Das Hochwasser bleibt draußen; Eider und Treene behalten trotz Flut ihre normalen Pegel. Setzt die nächste Ebbe ein, werden die Schotten geöffnet und das (Regen-) Wasser aus dem Binnenland kann über Treene und Eider in die Nordsee fließen. Vor dem Bau des Eiderdamms mit dem Sperrwerk (1967–73) wurde die Mündung des Flusses regelmäßig überflutet, und die ins Land drängenden Wassermassen stauten Eider und Treene. Damit ist seit 1973 Schluss. Seit die Nordsee ausgesperrt ist, verwandelte sich die Nordhälfte der Eidermündung in einen Koog, das *Katinger Watt* (s. S. 81), die Südhälfte wurde ebenfalls zum Naturschutzgebiet, dem *Dithmarscher Eiderwatt*. *wsv.wsa-toe/bauwerke* | *D8*

6 SCHANKWIRTSCHAFT WILHELM ANDRESEN

10 km von Tönning / 15 Min. mit dem Auto über Katinger Landstraße

350 Jahre ist der Gasthof alt, auf den du 9 km südwestlich von Tönning hinterm Deich stößt. Nimm Platz an einem der Tische in der gemütlichen, denkmalgeschützten Kachelstube

oder im Garten und freu dich auf Kuchen, Bauernfrühstück, Bratkartoffeln & Co. Berüchtigt sind die belegten Brote, berühmt der Eiergrog – beide wegen ihrer Reichhaltigkeit. *Di–So, Nov.–März nur Sa, So, in den Ferien immer tgl. | Katingsiel 4 | Tel. 04862 3 70 | schankwirtschaft-andresen.de | € | D8*

INSIDER-TIPP
Eier im Glas

7 HOYERSWORT

8 km von Tönning / 10 Min. mit dem Auto über B 202 (B 5)

Das Herrenhaus Hoyerswort, ein zweiflügeliger Renaissancebau aus dem späten 16. Jh., war einst Eiderstedts einziger Adelssitz. Heute beherbergt das „Schloss", wie die Einheimischen sagen, ein kleines Museum, die Keramikwerkstatt des Hausherrn und ein Café mit Gartenterrasse. Regelmäßig finden Musikveranstaltungen und Märkte statt. Neben dem Schloss steht ein stattlicher Haubarg aus dem Jahr 1704. *Di–So 11–18 (6. Jan.–21. Feb. nur Sa, So, Führung Mi 15 Uhr | Eintritt frei, Führung 2,50 Euro | Kotzenbüller Chaussee 2 | Oldenswort | Tel. 04864 2 03 98 38 | hoyerswort.de, marschentoepferei.de | E8*

8 ROTER HAUBARG ★

15 km von Tönning / 20 Min. mit dem Auto über B 202 (B 5)

Von Tönning kommend musst du durch *Witzwort* hindurchfahren, nach 3 km und einer scharfen Rechtskurve erreichst du den *Adolfskoog*. Und dann kannst du ihn sehen – den schönsten und stattlichsten Haubarg Eiderstedts, einen mächtigen Hof (750 m² Grundfläche) mit einer riesigen Reethaube, versteckt hinter dem Wind trotzenden Bäumen. Nur rot ist der Haubarg nicht. Das war er mal, im 17. Jh., als die Backsteinmauern noch unverputzt waren. Inzwischen sind die Außenwände weiß getüncht. Wie einst die Besucher des Bauern musst auch du durch die Diele. Schau mal hoch zum Deckengebälk – hier nisten Schwalbenfamilien. Willst du dich erst mal stärken, dann bekommst du im Südteil, wo einst die Herrschaft wohnte, delikate regionale Spezialitäten und köstliche Kuchen serviert *(Mo geschl., Nov.–Feb. auch Di | Tel. 04864 8 45 | roterhaubarg.de | €€€)*. Bist du dann neugierig auf das, was sich unter der Haube verbirgt, dann tritt durch eine unscheinbare Tür in den Vierkant. Heute ist in diesem Wirtschaftsteil des Haubargs ein *Museum (Di–So 11–22 Uhr | Eintritt für Restaurantgäste frei)* untergebracht, in dem es all das zu sehen gibt, womit die Haubargbauern einst ihre Äcker bestellten und ihr Vieh versorgten. *E7*

FRIEDRICH-STADT

(E7–8) **Am Kirchturm solltest du dich nicht orientieren, wenn du das Zentrum von ★ Friedrichstadt (2600 Ew.) suchst. Zwar liegt der Markt mitten in der Stadt, aber eine Kirche fehlt hier.**

Im 17. Jh. träumte der Gottorfer Herzog Friedrich III. (1616–59) von einer

Handels- und Hafenstadt zwischen Eider und Treene. Er lockte Niederländer, die wegen ihres Glaubens fliehen mussten, an die Treene, versprach ihnen freie Religionsausübung, Abgabenerlass und andere Privilegien. Anhänger unterschiedlichster Religionen folgten diesem Ruf: Mennoniten, Quäker, Juden, Lutheraner und Katholiken. Alle bekamen die gleichen Rechte, sodass keiner Kirche eine bevorzugte Lage eingeräumt wurde. Die Niederländer bauten sich ihre Stadt, mit Grachten und rechtwinkligen Straßenzügen, die Kirchen erhielten ihre Plätze zwischen den Bürgerhäusern. Zwar wurden die Träume des Herzogs nicht annähernd verwirklicht, doch ist ihm die „Holländerstadt", in der es heute noch vier Glaubensrichtungen und fünf Kirchen gibt, zu verdanken. Ein Städtchen, das zu den schönsten in ganz Norddeutschland zählt.

SIGHTSEEING

MARKT

Die schmucken Treppengiebel der Häuserreihe (16–24) an der Westseite lassen ahnen, wie „holländisch" Friedrichstadt einst war. Am ursprünglichsten ist das sogenannte Edamer Haus (Nr. 16) mit dem Engelskopf aus Sandstein als Fassadenschmuck. In der Mitte des Markts steht ein Brunnenhäuschen, verziert mit Versen über das Wasser, gereimt vom plattdeutschen Dichter Klaus Groth (s. S. 95).

ALTE MÜNZE

In diesem original erhaltenen niederländischen Renaissancegebäude (1626) wurden nie Münzen geprägt, sondern es diente dem Statthalter als Speicher. Heute ist die Alte Münze das *Historische Museum (April, Mai, Okt. Di–So 12–16, Juni–Sept. 11–17 Uhr | Eintritt 3,50 Euro | Am Mittelburgwall 23)* zur Stadtgeschichte. Im Garten befindet sich der alte Mennonitenfriedhof, und du kannst auch einen Blick in die Kirche dieser kleinsten Friedrichstädter Glaubensgemeinschaft werfen.

REMONSTRANTENKIRCHE

Die schönste Kirche der Stadt wurde 1854 im Stil des Klassizismus als Nachfolgebau einer Saalkirche von 1624 errichtet, das Kircheninnere 2018/19 grundlegend saniert. Heute finden hier auch ganz weltliche Konzerte statt *(Termine: friedrichstadt.de). Prinzessstraße*

ESSEN & TRINKEN

AQUARIUM

In Friedrichstadt kann man auch richtig schlemmen! Nämlich in diesem Hotelrestaurant an der Gracht. Ein Sieben-Gänge-Menü sähe dann etwa so aus: lauwarmer Rauchaal, Krustentierconsommé, BBQ-Short-Rib, Zanderkotelett, Duett vom Reh, Aprikosenquark, Käse vom Hof Backensholz. Du kannst dich aber auch mit weniger zufriedengeben … *Tgl. | Am Mittelburgwall 2–8 | Tel. 04881 9 30 50 | hotel-aquarium.de | €€€*

HOLLÄNDISCHE STUBE

Gut essen oder Kaffee trinken im alten Giebelhaus zwischen Antiquitäten und Delfter Kacheln oder auf der Terrasse direkt an der Gracht. *Tgl. | Am Mittelburgwall 24–26 | Tel. 04881 939 00 | hollaendischestube.de | € (Terrasse/mittags), €€ (abends)*

KAJÜTE 1876

Hup, Holland, hup! Holländisches Bier, Genever und *poffertjes* gibt es hier. Aber auch Flammkuchen, Tapas, guten Kaffee und gute Weine. Die gemütliche Kajüte an der Gracht ist ein entspannter Ort zum Klönen, die Terrassenplätzchen direkt an der Gracht bilderbuchschön. *Do, Fr ab 16, Sa ab 14 Uhr | Holmertorstr. 11 | Tel. 04881 9 37 37 50 | Facebook | €*

SHOPPEN

Gemütliche Einkaufsmeile ist die vom Markt abgehende *Prinzenstraße* – Einrichtungsläden und Souvenirshops, Tee und Räucherfisch, Keramikstudios und Galerien in alten Giebelhäusern. Ein gemütlicher, alteingesessener Laden ist das *Friedrichstädter Kaffee-Kontor (Am Markt 8 | kaffee-nf.de)*, wo es neben ca. 170 Kaffeesorten auch Tee, Bücher und Deko gibt.

SPORT & SPASS

GRACHTEN-, TREENE-, EIDER-FAHRTEN

Eine Holländerstadt muss man natürlich auch vom Wasser aus erleben, und eine kleine Flusskreuzfahrt auf Eider und Treene macht einfach Spaß. Keine Lust auf Gesellschaft? Dann ab ins Ruder- oder Tretboot. *April–Okt. | Günther Schröder | Grachtenfahrt 9,50 Euro, Bootsverleih 10 Euro/Std. | Anleger: Landungsbrücken | grachtenschiffahrt.de; Prinzen-Linie | Grachtenfahrt 9 Euro | Anleger: Am Deich | grachtenfahrt.de*

Das Restaurant Holländische Stube hält, was die Fassade verspricht

SCHÖNER SCHLAFEN AUF EIDERSTEDT

20 top ausgestattete Buden (= Zimmer) mit Balkon in einem modernen, stylischen Holzhaus – von der Mini- bis zur Familienbude. Für ganz Ausgeschlafene: die Planschbude mit frei stehender Badewanne gleich am Bett. *Bude 54 | Möwensteg 8 | St. Peter-Ording | Tel. 04863 42 13 60 | bude54.de | €€€*

DITHMARSCHEN

KOHL, KRABBEN UND GRÜNER STRAND

Der Blick auf die Landkarte weckt Erwartungen: Nordseeküste von der Elb- bis zur Eidermündung. Wer hier jedoch mit Badesachen den Deich erklimmt, wird enttäuscht: Vor ihm erstrecken sich Landgewinnungsfelder, Watt und irgendwo weit draußen, unerreichbar für ein erfrischendes Bad, die Nordsee. Der kürzeste Weg ins Wasser führt in Dithmarschen über Büsum. Auch wenn dort meist Gras den Sand ersetzt, hier gibt es all das, was man von einem „Strandbad" erwarten darf.

Faszinierendes „Wolkentheater" über dem Büsumer Grünstrand

Wer das Land entdecken will und etwas über die kämpferischen Bauern erfahren möchte, der sollte Meldorf und Heide besuchen. Hier wurde Geschichte geschrieben: Im 16. Jh. zeigten 6000 Dithmarscher dem Dänenkönig Johann, was eine Harke ist. Denn über andere Waffen verfügten die aufgebrachten Ackermänner nicht. Sie lockten das doppelt so starke Dänenheer auf die einzige passierbare Straße und öffneten flugs die Sieltore, worauf die eindringenden Fluten den Feind in die Flucht schlugen.

DITHMARSCHEN

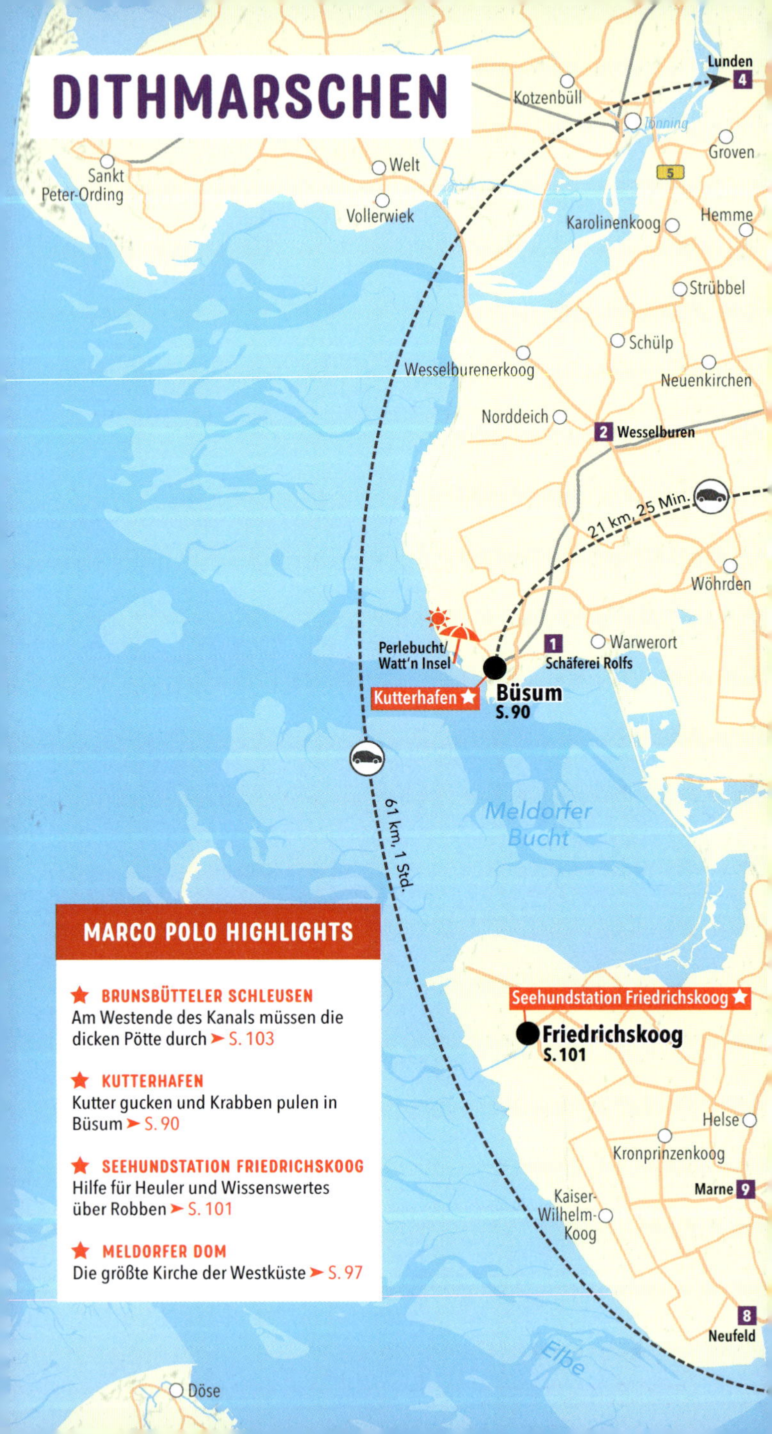

MARCO POLO HIGHLIGHTS

★ **BRUNSBÜTTELER SCHLEUSEN**
Am Westende des Kanals müssen die dicken Pötte durch ➤ S. 103

★ **KUTTERHAFEN**
Kutter gucken und Krabben pulen in Büsum ➤ S. 90

★ **SEEHUNDSTATION FRIEDRICHSKOOG**
Hilfe für Heuler und Wissenswertes über Robben ➤ S. 101

★ **MELDORFER DOM**
Die größte Kirche der Westküste ➤ S. 97

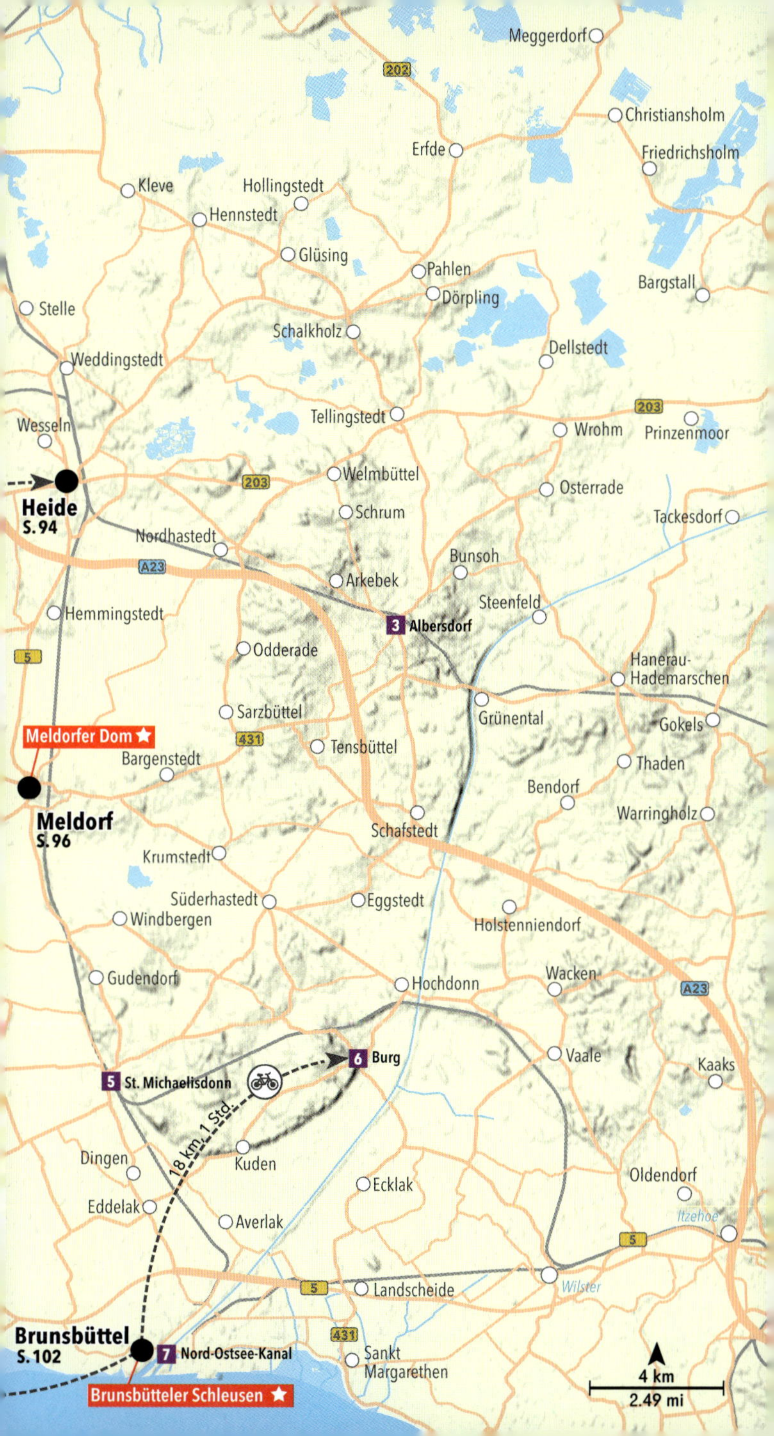

Meggerdorf
202
Christiansholm
Erfde
Friedrichsholm
Kleve
Hollingstedt
Hennstedt
Glüsing
Pahlen
Dörpling
Bargstall
Stelle
Schalkholz
Dellstedt
Weddingstedt
203
Tellingstedt
Wesseln
Wrohm
Prinzenmoor
Heide
S. 94
203
Welmbüttel
Osterrade
Schrum
Tackesdorf
Nordhastedt
Bunsoh
A23
Arkebek
Steenfeld
Hemmingstedt
3 Albersdorf
5
Odderade
Hanerau-
Hademarschen
Grünental
Sarzbüttel
Gokels
Meldorfer Dom
431
Tensbüttel
Bargenstedt
Thaden
Bendorf
Warringholz
Meldorf
S. 96
Schafstedt
Krumstedt
Süderhastedt
Eggstedt
Windbergen
Holstenniendorf
Wacken
Gudendorf
Hochdonn
A23
6 Burg
Vaale
Kaaks
5 St. Michaelisdonn
18 km, 1 Std.
Kuden
Dingen
Oldendorf
Ecklak
Eddelak
Itzehoe
Averlak
5
5
Landscheide
Wilster
431
Brunsbüttel
S. 102
7 Nord-Ostsee-Kanal
Sankt
Margarethen
4 km
2.49 mi
Brunsbütteler Schleusen

BÜSUM

(D10) **Strandräuber sollen die Büsumer gewesen sein – im 15. Jh., als Büsum noch eine Insel war. Längst ist sie mit dem Festland zusammengewachsen, doch den Nachfahren der Insulaner ist der Sinn fürs Geschäft geblieben.**

In der Fußgängerzone drängen sich Kneipen, Eiscafés, Boutiquen und Souvenirläden. Während der Sommermonate gleicht Büsum (4900 Ew.) einem Jahrmarkt. Gäste schieben sich durch die Gassen. Der 3,5 km lange Grünstrand ist übersät mit über 3000 bunten Strandkörben. Von der Beschaulichkeit des ältesten Seebads Dithmarschens (seit 1837) keine Spur mehr.

Denn Büsum hat aufgerüstet, und Büsum boomt: Der Deich erhielt aus Küstenschutzgründen ein neues Profil – mit dem Nebeneffekt, dass nun noch mehr Strandkörbe auf den grünen Hauptstrand passen und eine in den Deich integrierte Terrasse den bequemen Zugang zum Wattenmeer ermöglicht. Mit dem *Watt'n Hus* ist ein modernes Gäste-und Veranstaltungszentrum entstanden, und dort, wo früher das Kurzentrum stand, in der ersten Reihe also, hat 2019 das Lighthouse Hotel & Spa eröffnet – ein Viersternehotel mit über 100 Zimmern und großem Wellnessbereich.

Glanzstück aber ist die *Watt'n Insel:* eine künstlich geschaffene, über einen Damm erreichbare Sandinsel. Zwischen Festland und Insel entstand so ein 10 ha großer, geschützter Badebereich, die Familienlagune *Perlebucht*. Auf der Insel gibt es vom Bistro bis zur Wassersportschule alles, was du dir als Strandurlauber wünschst.

SIGHTSEEING

PHÄNOMANIA

In dem den Naturwissenschaften gewidmeten Erlebniszentrum werden auf 6000 m² an 200 Experimentierstationen die verschiedensten physikalischen Phänomene auf spannendste Weise anschaulich gemacht. Ideales Ziel für einen Regentag! *15. März–Okt. tgl. 10–18 Uhr | Eintritt 9,50 Euro, Kinder (6–17 J.) 7,50 Euro, (4–5 J.) 6,50 Euro | Dr.-Martin-Bahr-Str. 7 | phaenomania-buesum.de | 2,5 h*

KUTTERHAFEN ★

Viele der knuffigen Fischkutter, die hier am Kai liegen, führen noch das „FRI" für Friedrichskoog als Heimathafen und erinnern so an die Zeit, als der Fischereihafen dort noch in Betrieb war. Doch Büsum ist ohnehin etwas näher dran an den Fanggründen, das spart Schiffsdiesel. Auch andere Fischereifahrzeuge, z. B. aus Husum und dem niedersächsischen Greetsiel, gibt's hier zu sehen, und nirgendwo kannst du Krabben frischer kaufen, nämlich direkt von Bord. Gleich um die Ecke liegen unter dem rot-weißen Sockel des kleinen Leuchtturms schmucke Segler und Ewer im *Museumshafen.*

MUSEUM AM MEER

Hier kann jeder mal Krabbenkapitän sein, das Ruder in die Hand nehmen

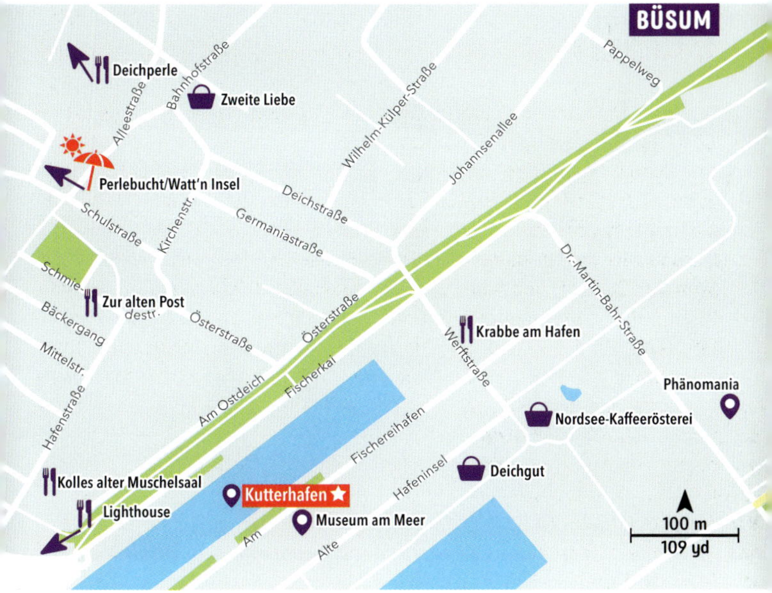

und alles über den harten Alltag der Küstenfischer erfahren. Immer mittwochs um 17 Uhr: Museumsführung mit Krabbenpulkursus! *März–Anfang Nov. So–Fr 11–17, Sa 13–17, 26. Dez.–Mitte Jan. 11–16 Uhr | Eintritt 3 Euro | Am Fischereihafen 19 | museum-am-meer.de | 1,5 h*

INSIDER-TIPP
Gut gepult ist halb gegessen

ESSEN & TRINKEN

ZUR ALTEN POST

Traditionslokal im gleichnamigen Hotel mit sehr guter regionaler Küche. Deichlamm, Nordseefische und Krabbengerichte werden in einer Original-Bauernstube, im Bistro oder draußen aufgetischt, Waffeln, Flammkuchen und Käse zum Wein gibt's in der *Minibar (Mi–So 15–23 Uhr). Tgl. | Hafenstr. 2 | Tel. 04834 9 51 00 | zur-alten-post-buesum.de* | €€

DEICHPERLE

Weiß und Gut-Wetter-Meerblau ist das Ambiente im Restaurant des Hotels Küstenperle. Auch die Speisekarte verspricht Frische: Salate, Ofenkartoffeln, Steaks, Entenbrust, Ziegenkäse. Für Kids gibt's ein Spielzimmer! Sind die im Bett, kannst du für den Absacker in die Bar *Schneiders,* die hat bis 1 Uhr auf. *Tgl. 12.30–21 Uhr | Dithmarscher Str. 39 | Tel. 04834 96 21 15 43 | hotel-kuestenperle.de* | €€

KOLLES ALTER MUSCHELSAAL

Muschelbilder, Galionsfiguren, Schiffsmodelle an der Decke und den Wänden schauen auf Schollen, Mu-

Das Wohnzimmer des Dichters Friedrich Hebbel ist heute ein Museum

scheln und Steaks herab, die großzügig portioniert auf den Tellern liegen. *Mo und Di-Mittag geschl. | Hafenstr. 27 | Tel. 04834 24 40 | kolles-alter-muschelsaal.de | €€€*

KRABBE AM HAFEN

Hier wirst du satt. Klare, ehrliche Küche ohne Chichi – ob nun mit Sauerfleisch, Pasta mit Knobi, Kikok-Hahn oder Zanderfilet. *März–Okt. tgl, Nov.–Feb. nur Fr–So | Werftstr. 2 | Tel. 04834 9 62 76 80 | krabbe-am-hafen.de | €€*

LIGHTHOUSE

Gleich drei Restaurants in Büsums Tophotel am Deich! Die *Hafenkantine (€)* mit Terrasse: mittags dreigängiges Lunchmenü. Das *Landgang (€€)* mit Terrasse und gläserner (!) Räucherei: mittags leichte bis herzhafte, abends reichhaltige Küche à la carte. Das *Schnüsch (€€€)*: abends regionale Fine-Dining-Menüs. *Tgl. | Am Museumshafen 11 | Tel. 04834 9 84 20 | hotel-lighthouse.de*

SHOPPEN

DEICHGUT

In den drei Shops riecht es nach Holz, nach Leder, nach Whisky: Massivholzmöbel, Wohnaccessoires, Spirituosen, Mode und Stiefel mit Stil für den Mann, dem alles aus Gummi & Co. ein Gräuel ist. *Hohenzollernstr. 9, Am Fischerhafen 23, Werftstr. 8 | deichgut.com*

NORDSEE-KAFFEERÖSTEREI

Und hier duftet es nach Kaffee: In diesem Laden darfst du beim Rösten der Bohnen zuschauen. Neben sortenreinem und „geblendetem" Kaffee sind auch Confiserie, Gebäck u. v. m. im

Angebot. *In der Nebensaison Mo geschl. | Werftstr. 3*

ZWEITE LIEBE

Das ist ja das Bequeme an einem Concept-Store: Man kauft nicht nur den handdestillierten Gin, sondern auch die passenden Gläser dazu, nicht nur ein Schälchen, sondern auch gleich die Schokoladentäfelchen, um es zu befüllen. *In der Nebensaison Mo, Di geschl. | Bahnhofstr. 29 | zweiteliebe-buesum.de*

STRAND

PERLEBUCHT/WATT'N INSEL

Das Best-of eines Badeurlaubs bietet die *Familienlagune:* zwei tideunabhängige Becken zum Planschen und Schwimmen und auf der Watt'n Insel Surf- und Kitesurfschule, Stand-up-Paddling, Volleyball- und Beachsoccerfelder, Trampolins, Gastronomie, Grillplätze, aber auch naturbelassene, halbwegs windgeschützte Flächen zum Durchschnaufen und Sonnen.

WELLNESS

PIRATENMEER

Im Erlebnisbecken sprudelt der Geysir, im Wellenbecken donnern die Brandungswellen, im Außenbecken blickt man auf die Nordsee, verschiedene Saunen verschaffen angenehmes Schwitzen, Tauchbecken und Kneippanlage sind auch vorhanden. Kids planschen u. a. im Wasserspielgarten. Das Wellnessangebot ist mehr als umfangreich. *Wegen Umbau bis Sommer 2021 geschl. | piratenmeer.de*

RUND UM BÜSUM

1 SCHÄFEREI ROLFS

3 km von Büsum / 10 Min. mit dem Rad am Deich entlang

Ponyreiten, „Schafsafari", „Jahreszeitenwerkstatt" und Tiere überall: Das Angebot vor allem für Kinder auf diesem Bauernhof gleich hinterm Nordseedeich ist riesig – und mit etwas Glück kann man hier sogar die Geburt eines Lämmchens erleben! Selbstverständlich gibt's auch ein Hofcafé und einen Hofladen. *März–Okt. Mo–Sa 10–18, So 14–18, Nov.–Feb. Fr–So 13–17 Uhr | Marschenweg 26 | Tel. 04834 6545 | Büsumer Deichhausen | schaeferei-rolfs.de).*

In Deichhausen *(buesumer-deichhausen.de)* kannst du übrigens ganz wunderbar urlauben – ohne Kurkarte, in idyllisch-ruhigen Pensionen und ganz nah bei Büsum. *D10*

2 WESSELBUREN

12 km von Büsum / 15 Min. mit dem Auto über Reinsbüttel

Auf dem Weg zum Eidersperrwerk liegt der Geburtsort (3300 Ew.) des Dichters Friedrich Hebbel (1813–63). Das *Hebbelmuseum (Mai–Okt. Di–Do 11–13 u. 14–17, Fr–So 11–13 u. 14–16, Nov.–April Di, Do 14–17 Uhr | Eintritt 3 Euro | Österstr. 6 | hebbel-museum.de | 1 h)* informiert über sein Leben. Im *Kohlosseum (Ostern–Okt. Mo–Fr 9–18, Sa (Juli–Okt. auch So) 10–15, Nov.–Ostern Mo–Fr 9–17, Sa 10–13 Uhr | Bahnhofstr. 22a | kohlosseum.*

Ein Pirat, der Burger (und anderes) richtig gut kann: der Marktpirat in Heide

de | ⏱ *1 h)* dreht sich in Kohlmuseum und Bauernmarkt alles um Dithmarschens Hauptexportartikel.

INSIDER-TIPP
Sauerkraut & Weißkohlsalbe

Wie wandlungsfähig Biokohl ist, erfährst du in der *Krautwerkstatt (Di–Do 14, 15, 16 Uhr).*

Auf der Karte der *Ulmenklause (Mo geschl. | Am Markt 4 | Tel. 04833 5455505 | ulmenklause.de | €)* steht natürlich auch die „Dithmarscher Kohlpfanne", schließlich is(s)t man hier in der Welthauptstadt des Kohls! Aber auch Sauerfleisch, Seehecht und die Salate sind nicht zu verachten. Wechselnde saisonale Angebote ergänzen die Karte, im November z. B. verschiedene Muschelgerichte. Nachmittags gibt´s hausgebackenen Kuchen. Das alles in hellen, freundlichen Räumen. *🕮 D9*

HEIDE

(🕮 E9) **Urzelle der Dithmarscher Kreisstadt ist der Marktplatz, mit einer Fläche von mehr als 4 ha der größte in Deutschland.**

Auf der *Dusenddüwelswarf* (Tausendteufelswarft) bei Hemmingstedt (westlich der B 5 zwischen Heide und Meldorf; der Ausschilderung folgen) erinnert heute ein Denkmal an die Schlacht vom Februar 1500 um die Unabhängigkeit der Bauernrepublik. Das Areal wurde im 15. Jh. für politische Versammlungen mitten „in der Heyde" abgesteckt. Zu dieser Zeit wurde *Heide* (21 700 Ew.) das politische Zentrum Dithmarschens.

Park auf dem Markt, um durch *Süder-* und *Friedrichstraße,* die Einkaufs- und Fußgängerzonen, in den Altstadtteil Lüttenheid zu bummeln, dort wandelst du auf historischen Spuren: nämlich denen des Komponisten Johannes Brahms und des Dichters Klaus Groth.

SIGHTSEEING

ST.-JÜRGEN-KIRCHE

Die Grundmauern stammen aus dem 15. Jh. Nach einem Brand 1559 wurde das Kirchenschiff erneuert, Ende des 17. Jhs. nochmals erweitert. Im Inneren entspricht St. Jürgen eher einer Dorfkirche, glänzt jedoch mit einem prunkvollen Barockaltar und einem sehenswerten Altarbild von 1515. *Marktplatz*

BRAHMSHAUS

In dem schmucken, weißen Haus mitten im Ort wurde Johann Jacob Brahms, der Vater des berühmten Komponisten, geboren. Die Ausstellung „Johannes Brahms – Norddeutsche Wurzeln und Bindungen" gibt Einblick in das Leben der Familie. *April–Okt. Di–Do 11.30–15.30, Fr 11.30–13.30, Sa 13.30–15.30 Uhr | Eintritt 2 Euro | Lüttenheid 34 | brahms-sh.de | ⏲ 0,75 h*

MUSEUMSINSEL LÜTTENHEID

Gleich zwei Museen liegen in der Altstadt, im ehemaligen Handwerkerviertel, fußläufig beieinander. *Di–Do, So 11.30–17, Fr 11.30–14, Sa 14–17 Uhr | Eintritt 2,50 Euro | Lüttenheid 40 | Facebook: MuseumsinselLuttenheid | ⏲ 1,5 h*

Das *Klaus-Groth-Museum* ist das 1796 erbaute Geburtshaus des Dichters (1819–99), der die plattdeutsche Sprache literaturwürdig werden ließ. In den Räumen, die weitgehend unverändert geblieben sind, verlebte er seine Kindheit und Jugend. Im *Heider Heimatmuseum* schlenderst du durch eine Sammlung zur Stadt- sowie zur Vor- und Frühgeschichte Dithmarschens und erfährst Interessantes über das historische Handwerk.

ESSEN & TRINKEN

CARPE DIEM & CAFÉ ROSALIE

In der schnuckeligen Rosengasse, die von der Fußgängerzone abzweigt, verstecken sich rund um einen lauschigen Innenhof drei Lokale in einem: Restaurant, Café und Destille. Für jedes kulinarische Bedürfnis also das Passende. *Café So geschl., Restaurant So-Abend geschl. | Friedrichstr. 22 | Tel. 0481 683005 | www.rosengasse-heide.de | €€*

MARKTPIRAT

Die Location: direkt am Marktplatz in einem modernen Flachbau aus Holz und Glas mit einem Bootsdeck davor. Die Speisen: Burger (auch vegetarische), Steaks (dry aged), Salate (z. B. mit Ziegenkäse), Süppchen, Pasta und ein herrlich altmodisches Gericht: Rundstück warm mit Schweinebraten, dunkler Sauce und saurer Gurke! Natürlich gibt's Frühstücksvarianten und als Abwechslung jede Woche eine kleine Zusatzkarte. *Mo geschl. | Markt 25 | Tel. 0481 82864161 | marktpirat.de | €*

INSIDER-TIPP
Die Mutter aller Burger

SHOPPEN

Jeden Samstag bis ca. 13 Uhr findet auf dem Marktplatz der *Bauernmarkt* mit einem großen Angebot an regionalen Erzeugnissen statt.

AUSGEHEN & FEIERN

L1-LOUNGE

Freitags und samstags ein Ort zum Feiern bei DJ-Sounds, sonst perfekt, um bei gut gemixten Cocktails zu chillen. *So–Di geschl. | Schuhmacherort 26 | l1-hei.de*

RUND UM HEIDE

3 ALBERSDORF

14 km von Heide/15 Min. mit dem Auto über L 316 (Heider Straße)

Das ehemalige Kurbad (3700 Ew.) lockt mit Wäldern und archäologischen Fundstücken, die am südlichen Ortsrand zu sehen sind: Im *Steinzeitpark Dithmarschen (April–Okt. Di–So 11–17 Uhr | Eintritt 6 Euro, Kinder (6–17 J.) 3 Euro | steinzeitpark-albersdorf.de),* einem „Naturerlebnisraum" mit Wanderwegen, Großsteingräbern und einem rekonstruierten Steinzeitdorf, in dem regelmäßig Veranstaltungen mit Speer, Bogen, Steinbeil und Feuerstein stattfinden. Fundstücke aus der Eisen- und Bronzezeit gibt es im einen kurzen Spaziergang entfernten *Museum Albersdorf (Mi–So 11–17 Uhr | Eintritt 2,50 Euro, Kombiticket mit Steinzeitpark 7,50 Euro | Bahnhofstr. 29 | 1 h)* zu sehen. *F9–10*

4 LUNDEN

18 km von Heide/20 Min. mit dem Auto über die alte B 5 (Weddingstedt)

In dem ansonsten eher langweiligen Ort (1700 Ew.), 17 km nördlich von Heide, erzählt der berühmte *Geschlechterfriedhof* die Geschichte Dithmarschens. Unter den liegenden Gruftplatten aus Sandstein ruhen die Vorfahren der mächtigen und einflussreichen Bauerngeschlechter. Aufrecht steht der Stein von Peter Swyn (1480–1537). Er kämpfte siegreich in der Schlacht von Hemmingstedt, warb für die Abschaffung der Blutrache und wurde deshalb prompt von einem rivalisierenden Dithmarscher Geschlecht ermordet. Der Grabstein zeigt die Mordszene.

INSIDER-TIPP: **Goldforelle mit Miesmuscheln? Aber sicher!**

Gar nicht langweilig, sondern kreativ und leicht sind die saisonalen Gerichte der „verfeinerten Regionalküche" – vom Kabeljau- bis zum Kalbsfilet – im modernen, lindgrünen Ambiente des Hotelrestaurants *Lindenhof 1887 (Di geschl. | Friedrichstr. 39 | Tel. 04882 4 07 | lindenhof1887.de | €€€). E8*

MELDORF

(E10) **Ihr grün oxidiertes Kupferdach und der Turm überragen alles in der Marschlandschaft.**

Die Meldorfer Kirche – aufgrund ihrer Größe auch Dom genannt, obwohl es hier nie einen Bischof gab – gilt als der bedeutendste gotische Kirchenbau zwischen Hamburg und dem dänischen Ribe. Am Fuß des Doms ist das Flair der einstigen und einzigen mittelalterlichen Stadt Dithmarschens, die 2020 755 Jahre alt wurde, noch gut zu spüren.

Mussten die Meldorfer im Lauf der Geschichte zunehmend Macht und Einfluss an Heide abgeben, so sind sie heute froh, denn sie wissen: Durch den Machtverlust ist *Meldorf* (7200 Ew.) einer Sanierung mit der Abrissbirne entgangen.

Auf einer Bank Platz nehmen und die Atmosphäre im Meldorfer Dom genießen

SIGHTSEEING

MELDORFER DOM ★

Die St.-Johannis-Kirche wurde zwischen 1250 und 1300 erbaut. Bereits ab dem 9. Jh. standen an dieser Stelle Kirchen, von denen aus Dithmarschen und die Westküste reformiert wurden. Im 19. Jh. erhielt der „Dom" einen neuen, 59 m hohen Turm, und die Außenfassade wurde neugotisch aufgemauert. Innen ist die Gotik aber echt. Gewaltige Kuppeln überspannen den Innenraum der dreischiffigen Backsteinbasilika. Die mittelalterlichen Gewölbemalereien mit Motiven aus der Schöpfungsgeschichte wurden erst vor Kurzem aufwendig restauriert. St. Johannis ist vielseitig: Die stimmungsvoll beleuchteten Domgewölbe verleihen nicht nur den Gottesdiensten, sondern auch Klassikkonzerten und Lesungen eine einzigartige Atmosphäre. *Mo–Fr 10–12 u. 14–16.30, Sa 10–12, Mai–Okt. auch So 14–17 Uhr | kirche-meldorf.de*

INSIDER-TIPP
Chorgesang & Glockenklang

DITHMARSCHER LANDESMUSEUM

So war das damals! Originalgetreu eingerichtete Räume von den 1870er- bis zu den 1960er-Jahren lassen die alten Zeiten wieder aufleben. Stationen auf dieser Zeitreise sind Wohnräume, ein Postamt, der Bahnhof, die Schule, ein Friseursalon, der Kaufladen, das Kino, eine Zahnarztpraxis und sogar ein Operationssaal. Veranstaltungen (Theater, Märkte, Lesungen) ergänzen die Ausstellung. *Di–Fr*

11–16.30, So (Juli, Aug. auch Sa) 11–16 Uhr, 15. Dez.–6. Jan. geschl. | Eintritt 5 Euro | Bütjestr. 2–4 | landesmuseum-dithmarschen.de | ⏲ 2,5 h

SCHLESWIG-HOLSTEINISCHES LANDWIRTSCHAFTSMUSEUM

Landleben während der Industrialisierung: Mähdrescher, Traktoren, eine Dithmarscher Sauerkrautfabrik. Zum Vergleich: ein komplett eingerichtetes *Dithmarscher Bauernhaus* des 17./18. Jhs. mit Stube, Küche, Stall und Milchkeller – aus einer Zeit, als Landarbeit überwiegend Handarbeit war. Zum Ensemble gehören auch ein wunderschöner Rosengarten und die Cafeteria *Neue Holländerei (So–Di geschl. | €). Di–Fr 10–16, Sa, So 11–16 Uhr, Nov.–März Bauernhaus geschl. | Eintritt 1 Euro | Jungfernstieg 4 | landwirtschaftsmuseum-schleswig-holstein.de | ⏲ 1 h*

ESSEN & TRINKEN

BRASSERIE & RESTAURANT V

Ob Flammkuchen, Sauerfleisch, Maischolle oder Deichlamm: In bistroähnlichem Ambiente werden regionale und saisonale Spezialitäten serviert. Fein sind auch die Spaghetti aus dem Parmesanlaib. Gute Weine, toller, sehr günstiger Mittagstisch, nette Terrasse. *Tgl. (Sa-Mittag geschl.) | Klosterstr. 4 | Tel. 04832 60 14 80 | restaurant-v.de | €€*

Das Alte Pastorat besteht aus mehreren Gebäuden – das schönste ist reich verziert

LUST AUF MEER

Klaas Bunge kombiniert Nordsee- mit Mittelmeerküche. Sehr klar, sehr produktorientiert, sehr gut. Solltest du nach dem Essen noch „Lust auf mehr" haben, setzt du dich auf die Terrasse in einen Strandkorb und überlegst dir, ob du einen der verschiede-

INSIDER-TIPP
Kochen lernen bei Klaas

nen, regelmäßig stattfindenden Kochkurse buchst – allein, zu zweit oder mit Freunden. *Mo geschl. | Hauptstr. 49 a | Nindorf | Tel. 04832 97 86 08 | lustaufmeer-restaurant.de | €€*

ZUR LINDE

Behagliches Restaurant zu Füßen des Doms mit solider, bekannt guter Regionalküche, darunter Spezialitäten wie Muscheln in Pernod-Rahm oder Dithmarscher Mehlbüddel. *Tgl. | Südermarkt 1 | Tel. 04832 95950 | linde-meldorf.de | €*

SHOPPEN

ALTES PASTORAT

Ins kleine Klosterviertel kommt man nicht nur, um einzukaufen: Ein historisches Gebäudeensemble – das schönste Gebäude mit kunstvollen Fachwerkinschriften stammt aus dem Jahr 1601 – gruppiert sich um zwei Innenhöfe und beherbergt nun Werkstätten und Läden, in denen die Mitarbeiter der *Stiftung Mensch* in Handarbeit hochwertige Web- und Töpferwaren, Strandkörbe, Vogelhäuschen und Insektenhotels herstellen. *Mo–Do 8–16, Fr 8–18, Sa 10–13 Uhr | Papenstr. 2 | stiftung-mensch.com*

DOMGOLDSCHMIEDE

Es ist nicht alles Gold (und Silber), was in der traditionsreichen Gold- und Silberschmiede glänzt.

INSIDER-TIPP
Opal, Topas und Amethyst

In den Vitrinen des Mineralienkellers funkeln und glitzern (Halb-)Edelsteine in allen Farben. Steig ruhig mal hinab – auch das *Löffelarium* könnte dir gefallen! *Mo–Fr 9–12 u. 14–18, Sa 9–12 Uhr | Nordermarkt 9 | domgoldschmiede.de*

SPORT & SPASS

STADTFÜHRUNGEN

Dass Meldorf eine der schönsten Städte an der Küste ist, wirst du spätestens dann unterschreiben, wenn du dich z. B. einer Kultur-Stadtführung *(Mai–Mitte Okt. Di 17 Uhr | ca. 2 Std. | 4 Euro)* angeschlossen hast oder einer Stadtführung am Abend mit Restaurantbesuch *(Termine im Veranstaltungsflyer | 17.45 Uhr | ca. 1 Std. | 10 Euro).*

STRÄNDE

BADESTELLEN

Badefreuden garantiert der grüne Nordseestrand am Rand des Naturschutzgebiets *Meldorfer Speicherkoog*, und zwar in *Elpersbüttel* und *Nordermeldorf*. Kiosk, Surfsee, Beachvolleyball. *Strandkorb 6 Euro/Tag | meldorf-urlaub.de*

AUSGEHEN & FEIERN

BORNHOLDT

Livemusik, Lesungen, Kabarett – eine Kulturkneipe im besten Sinn, denn Bier, Wein und Snacks gibt's sowieso. *Di–Sa ab 16 Uhr | Zingelstr. 14 | Tel. 04832 79 07 | bornholdt-meldorf.de*

KINO MELDORF

So muss Kino! Blockbuster und Arthouse-Hits in einem gemütlichen Kino mit Tischlämpchen, Bedienung, Bar und – Popcornautomat. *Süder-*

Mahlzeit! Dreimal täglich gibt es in der Seehundstation Fisch satt

str. 14 | Programmansage und Kartentel. 04832 43 43 | kino-meldorf.de

RUND UM MELDORF

5 ST. MICHAELISDONN

12 km von Meldorf / 15 Min. mit dem Auto über die alte L 138 (Gudendorf)

In „Sankt Michel" ist eigentlich, nun ja, tote Hose – aber der Ort (3400 Ew.) besitzt zwei Attraktionen. Zum einen die *Marschenbahn-Draisine (Mai–Sept. Abfahrten in jedem Ort zweimal tgl. | Draisine 24 Euro (einfache Fahrt), 36 Euro (Hin- und Rückfahrt), Familienpreis 21/31 Euro | Tel. 04851 95 76 86 u. Tel. 04853 80 73 05 | marschenbahn-draisine.de)*, die man hier besteigen kann, um nach Marne (und wieder zurück) zu fahren: Wenn man zu zweit in die Pedale tritt, braucht man für die 9 km lange Strecke der ehemaligen Marschenbahn durch die Marschlandschaft ca. 1 Stunde. Da dieses Erlebnis begehrt ist, empfiehlt sich die frühzeitige Reservierung!

Zum Zweiten im *Landhaus Gardels (nur abends, So geschl. | Westerstr. 15–19 | Tel. 04853 8 00 | gardels.de | €€)* eine anständige und bezahlbare Küche. Da gibt's z. B. Garnele und Jakobsmuschel oder ein Krabbensüppchen als Vorspeise, danach „Oma Gardels Rinderroulade", eine Nordseescholle oder – sehr beliebt – einen Galloway-Burger. Außerdem: saisonale kulinarische Themenabende. *E11*

6 BURG

19 km von Meldorf / 25 Min. mit dem Auto über B 431, Krumstedt/ Süderhastedt

Auf dem Geeströcken liegt der Luftkurort Burg (4200 Ew.) ganz nah am Nord-Ostsee-Kanal (Kanalfähranleger „Burg"). Steigst du auf den 21 m hohen Aussichtsturm des *Waldmuseums (Karfreitag–Okt. Di–So 11–17 Uhr | Eintritt 2,50 Euro, Kinder (4–18 J.) 1,50 Euro | Obere Waldstraße | burger-waldmuseum.de | 1,5 h),* hast du einen fantastischen Ausblick über Dithmarschen bis zur Elbmündung. Das beheizte *Freibad (Mai–Sept. | Eintritt 3,50 Euro)* liegt besonders schön zu Füßen des Burger Walds, und bei einer Wanderung durchs *Paradiestal* mit seinen Teichen glaubt man nicht, dass das Meer nur 20 km entfernt ist. Hauptattraktion aber ist zweifellos der Kanal, in dem du übrigens auch baden kannst – den großen Pötten ganz schön nah! Die Badestelle *Klein Westerland* ist vom *Burger Fährhaus* (s. S. 123) 6 km entfernt – immer am Kanal entlang in Richtung Hochdonn beim Campingplatz. *F11*

INSIDER-TIPP
Bugwellen statt Wellenbad

FRIEDRICHSKOOG

(D11) **Friedrichskoog (2600 Ew.) ist zweigeteilt: Da ist zum einen der Hafen mit dem Indoor-Spielplatz „Willy der Wal" und dem Fischrestaurant „Alice Heimathafen".**

Und zum anderen *Friedrichskoog-Spitze,* das 5 km vom Hafen entfernte Strandbad. Der sogenannte Strand ist eigentlich eine grüne Wiese, bei Ebbe ist das Wasser weit. Zu Füßen des Deichs liegen Apartments, das Kurzentrum, eine Ladenzeile, ein Ferienhausdorf im dänischen Stil, zwei rustikale Restaurants: Das Ferienbad ist eher gemütlich als trubelig.

Friedrichskoogs Ex-Highlight, der Kutterhafen, wurde 2015 trotz massiven Widerstands der Einwohner „entwidmet", der Hafeneingang durch ein Schöpfwerk zur Entwässerung des Hinterlands geschlossen. Das Ausbaggern des Hafenbeckens, das regelmäßig verschlickte, war zu teuer geworden. Die Krabbenkutter laufen nun Büsum an. Ab 2020 soll der Hafen zu einem lebendigen Orts- und Urlaubszentrum umgestaltet werden, mit Gastronomie, Promenade, Marina …

SIGHTSEEING

SEEHUNDSTATION FRIEDRICHSKOOG ★

Heuler nennt man die jungen Seehunde, die mutterlos gefunden wurden und hier aufgepäppelt werden, bis sie sich selbst ernähren können – und dann in die Freiheit entlassen werden. Besucher der Station können nicht nur die jungen Seehunde und Kegelrobben bei der Fütterung beobachten, sondern sich auch über das Leben der Robben und Wale informieren, z. B. in der Ausstellung „Robben der Welt", Felle anfassen und den Rufen der Heuler lauschen. *April–Okt. tgl. 10–18, Fütterung 10.30, 14, 17.30, Nov.–März tgl. 10–16, Fütterung 10.30 u. 14 Uhr | Eintritt 7 Euro, Kinder (2–*

16 J.) 5 Euro | An der Seeschleuse 4 | Tel. 04854 1372 | seehundstation-friedrichskoog.de

ESSEN & TRINKEN

SEASIDE 26

Nördlich der Spitze, gleich hinterm Deich, stößt man auf dieses moderne Restaurant mit einer ebensolchen Küche und einer gemütlichen Gartenterrasse. Lass dir hier zeigen, wie leicht und bekömmlich z. B. Ochsenbäckchen und Hamburger Pannfisch zubereitet werden können. *Do geschl. | Buschsand 26 | Tel. 04854 904874 | seaside26.de | €€*

SHOPPEN

URTHEL

Im Ortskern selbst ist nicht viel los, doch dieser Abstecher lohnt sich! Denn die Familie Urthel betreibt einen eigenen Kutter, besitzt eigene Krabbenschälmaschinen und eine Räucherei – entsprechend frisch sind Räucherfisch und Krabben, die du hier kaufst. Im angeschlossenen Restaurant *(Di–So 11–17.30 Uhr | Tel. 04854 291 | €)* mit seiner großen Terrasse gibt´s Flossen- und Krustentiere auch gebraten und gekocht. *Hafenstr. 71 | urthel.de*

INSIDER-TIPP
Fischers Fritz fischt frische Fische ...

WELLNESS

GTZ

Kur- und Wellnesszentrum mit Meerwasserthermalbad (32 Grad warme Sole), Whirlpool, Wasserfall, Sauna und Dampfbad. *Kurzentrum: Mo–Fr 8–12 u. 14–20, Sa, So n. V., Bad: Mo–Fr, So ab 10 Uhr mit wechselnden Schlusszeiten, Sa 14–18 Uhr | Eintritt Bad 6 Euro | Schulstr.-West 14 | gtz-friedrichskoog.de*

BRUNS-BÜTTEL

(📖 E–F12) **Brunsbüttel hat zwei Gesichter: Westlich vom Nord-Ostsee-Kanal liegt der historische Dorfkern Brunsbüttel mit Fachwerkhäusern aus dem 18. Jh., dem Kirchplatz und der 1679 erbauten Jakobuskirche. Außerdem die heutige Innenstadt und das beim Bau der Kanalschleusen nach dem Vorbild englischer Gartenstädte errichtete sogenannte Beamtenviertel.**
Östlich des Orts erstreckt sich auf beiden Seiten des Kanals Brunsbüttelkoog, ein Industrieareal mit Chemiefabriken und dem stillgelegten Atomkraftwerk. Dorf, Stadtkern und Industrie wurden 1969 zur Stadt Brunsbüttel (12 700 Ew.) zusammengeschlossen. Als Ein- bzw. Ausfahrt des Nord-Ostsee-Kanals ist die Schleusenanlage Brunsbüttels Touristenattraktion. Und die Stadt will mehr: Rund um die Schleusenanlage, die bis 2024 um eine fünfte Schleusenkammer erweitert wird, soll unter Einbeziehung des Elbufers die „Schleusenmeile" entstehen, mit Erlebnispark, Hotel, Kunstufer und Aussichtsbrücke.

Maßarbeit auf dem Kanal: Frachtschiffe bei der Ausfahrt aus der Schleusenkammer

SIGHTSEEING

BRUNSBÜTTELER SCHLEUSEN ★

Von einer Aussichtsplattform aus lässt sich das Schleusen von Yachten, Frachtern und Kreuzfahrtschiffen beobachten. Das Schleusenradar zeigt via Bildschirm in Echtzeit die auf Elbe und Kanal fahrenden Schiffe und auch die, die gerade in den Schleusen liegen. Im *Atrium*, dem Museum, sind Schiffs- und Schleusenmodelle zu sehen und die Geschichte des Nord-Ostsee-Kanals wird dokumentiert. Das *Schleuseninfozentrum SiZ* veranstaltet Führungen *(Termine s. Website). Plattform tgl. von Sonnenauf- bis Sonnenuntergang, Atrium Mitte März–Okt. tgl. 10.30–17 Uhr | Eintritt 3 Euro | Gustav-Meyer-Platz | schleuseninfo.de*

ESSEN & TRINKEN

TORHAUS

Essen direkt an der Schleuse, Schiffe stahlhautnah. Hier ist der Logenplatz wichtiger als Scholle, Schnitzel, Pasta und Pizza auf dem Teller. *Tgl. | Gustav-Meyer-Platz 3 | Tel. 04852 94 05 77 | brunsbuettel-torhaus.de | €€*

SHOPPEN

WAGNER

INSIDER-TIPP
Kalorienbomben!

Die bundesweit bekannte Pralinen- und Trüffelmanufaktur betreibt auf ihrem Firmengelände einen Shop – Fabrikverkauf für Liebhaber des edlen Naschwerks! *Mo–Fr 8.30–14.30 Uhr | Gutenbergring 3–5 | wagner-pralinen.de*

SPORT & SPASS

FREIBAD ULITZHÖRN

An sich ist ein Freibad ja nichts Besonderes – dieses aber schon! Hier kannst du nämlich beim Schwimmen Schiffe schwimmen sehen, denn das Bad liegt oben auf dem Deich direkt an Elbe und Kanal. *Mai–Mitte Sept. tgl. 9–19 Uhr | Eintritt 4 Euro | freizeitbad-brunsbuettel.de*

SCHIFFSFAHRTEN

Am Yachthafen an den Schleusen legen die „MS Princess" und der Raddampfer „Freya" *(adler-schiffe.de)* zu Ausflugsfahrten auf dem Kanal und in die Elbe ab.

Plopp: Aus Marne kommt das Pils in der „Beugelbuddel"

RUND UM BRUNSBÜTTEL

7 NORD-OSTSEE-KANAL

18 km von Brunsbüttel bis Burg/1 Std. mit dem Rad

Die Wirtschaftswege rechts und links des Kanals laden zu einem Spaziergang oder einer Fahrradtour, oder du setzt dich auf eine Bank, „guckst Schiffe" und träumst von der großen, weiten Welt. Nach 125 Jahren seines Bestehens (Eröffnung 21. Juni 1895) wirkt der Kanal mit den üppigen Uferböschungen wie ein Stück Natur. Nichts weist darauf hin, dass hier einst 7500 Arbeiter, vorwiegend nur mit Spaten ausgerüstet, 80 Mio. m^3 Erde bewegt haben. War der Kanal 1895 66 m breit, sind es heute 162 m. In Dithmarschen liegt seine Wasseroberfläche deutlich über den angrenzenden Marschen; der Wasserlauf wird in dieser tief liegenden Landschaft von Dämmen begrenzt. So scheinen die rund 30 000 Schiffe – nicht mitgerechnet die unzähligen Sport- und Segelboote –, die im Jahr den Kanal passieren, aus der Ferne gesehen über das Land zu gleiten. Wenn im Mai die Saison der Traumschiffe beginnt, ziehen die Kreuzfahrtriesen wie Wohnhäuser durch die grüne Landschaft. Wann welcher Kreuzfahrer den Kanal durchfährt, erfährst du z. B. auf *tag-nok.de*.
6,5–8,5 Stunden dauert die knapp 99 km lange Passage von den Schleusen in Brunsbüttel bis nach Kiel-Holte-

nau, der Ausfahrt in die Ostsee. Geht es auch nur langsam voran, früher, als es den Kanal noch nicht gab, mussten die Seeleute um Skagen segeln – ein Umweg von 250 Seemeilen. *wsv.de/wsa-bb* | *F11–12*

8 NEUFELD

9 km von Brunsbüttel/15 Min. mit dem Auto über Hafenstraße und B 5

Clevere Brunsbüttel-Besucher fahren zum Essen ein Stückchen nach Westen an den winzigen *Neufelder Hafen*, wo ein paar Boote liegen, Schafe und Enten ihren Geschäften nachgehen. Da stehen nämlich auf dem Elbdeich gleich zwei gemütliche Gaststätten mit guter Küche nebeneinander: Im *Op'n Diek (Mo geschl. | Op'n Diek 3 | Tel. 04851 18 40 | restaurant-opndiek.de | €€)* sind die Aalspezialitäten – gebraten, geräuchert, in Sauer – etwas Besonderes. Alice serviert in ihrem *Heimathafen (Mo geschl. | Op'n Diek 5 | Tel. 04851 9 56 73 80 | alice-friedrichskoog.de | €)* vorwiegend Fisch – fangfrisch, ohne großes Gedöns zubereitet, und auch Vegetarisches. Umsonst dazu gibt es Ruhe und einen herrlichen Weitblick von den Restaurantterrassen. *E12*

INSIDER-TIPP
All Aal

9 MARNE

14 km von Brunsbüttel/20 Min. mit dem Auto über Hafenstraße und B 5

Noch im 18. Jh. lag Marne (5800 Ew.) am Meer. Im Zuge der Eindeichung und Landgewinnung verlor es den Hafen und wurde zu einer Kleinstadt im Binnenland. Leider ist von dem historischen Charme wenig geblieben. Blickfang ist die Fassade der *Sonnenapotheke,* in der bereits 1755 Pillen gedreht und Säfte gebraut wurden. Gebraut wird in Marne auch das als „Beugelbuddelbeer" (Bügelflaschenbier) bekannte Dithmarscher Pilsener, süffiger Beweis dafür, dass die Dithmarscher nicht nur was von Kohl verstehen.

INSIDER-TIPP
Ploppt & perlt

Eine Skatrunde, bestehend aus Apotheker, Kaufmann und Brauereibesitzer, schuf 1873 den Grundstock für das Heimatmuseum *Marner Skatclub (Di–Fr, So 14.30–18 Uhr | Eintritt 2 Euro | Museumstr. 2):* Möbel, Kurioses und Raritäten aus der Region. Geselligkeit und Frohsinn spielen in Marne ohnehin eine große Rolle: Der Karnevalsverein *(marnholfast.de)* in der Hochburg des norddeutschen Karnevals (Motto: „Marn' hol fast!") erfreut sich regen Zuspruchs. *E11*

SCHÖNER SCHLAFEN IN DITHMARSCHEN

HUSCH, HUSCH INS KÖRBCHEN!
Wolltest du schon immer mal am Strand schlafen, unterm Sternenhimmel und mit Meeresrauschen als kleiner Nachtmusik? Hattest aber Angst vor Sand in der Nase, nassen Füßen und Möwenschiss auf dem Schlafsack? Jetzt wird dir zu ungestörter naturnaher Nachtruhe verholfen: Der Schlafstrandkorb ist da! Das dank Faltverdeck wetterfeste Schlafmöbel für zwei kannst du z. B. in Büsum nächteweise mieten. *schlafstrandkorb.de*

DAS WATTENMEER

Wenn das Wasser zweimal am Tag verschwindet, dann kommt das Wunder Watt zum Vorschein. Bis zum Horizont Matsch, gewellt, gerippt, hier und da ein Rinnsal. Die Ebene scheint endlos, glitzert in Grau- und Brauntönen. Am Himmel kreischen Möwen, Austernfischer trippeln durch Pfützen, stochern mit dem Schnabel in den Wasserlachen. Es herrscht Niedrigwasser. Die Nordsee hat sich kilometerweit zurückgezogen, geblieben ist das Wattenmeer.

MEERESBODEN ODER LAND?

Doch was ist das Watt eigentlich? Handelt es sich dabei um Meeresboden oder um zeitweise überspültes Land? Experten erklären es so: Watt ist das Übergangsgebiet vom festen Land zum Meer, das bei Flut überströmt wird und bei Ebbe „trockenfällt". Bis zu 20 km breit und 450 km lang erstreckt sich diese einzigartige Landschaft entlang der Nordseeküste: von den Niederlanden bis hinauf nach Dänemark.

NATIONALPARK & WELTERBE

1985 wurde das schleswig-holsteinische Wattenmeer als Nationalpark ausgewiesen, 2009 wurde ein neues Kapitel in der Geschichte des Wattenmeerschutzes aufgeschlagen: Die Unesco erkannte den Nationalpark als Weltnaturerbe an. Seitdem trägt das Wattenmeer vor der holländischen, niedersächsischen und schleswig-holsteinischen Küste diesen Titel – der Auszeichnung und Verpflichtung zugleich ist. Hamburg ist seit 2011 dabei, Dänemark seit 2014.

Diese Maßnahmen waren dringend notwendig, denn was die Nordsee un-

Bei Ebbe wird durchs Watt gewandert – aber nur mit fachkundiger Führung!

gefähr im Sechsstundenrhythmus freilegt und wieder überflutet, ist ein empfindliches, einzigartiges Ökosystem. Je nach Beschaffenheit des Bodens leben hier Millionen von Mikroalgen, Zehntausende von Krebschen, Schnecken, Muscheln und Würmern auf einem Quadratmeter – das sind mehr Lebewesen als im Urwald! Noch ein Superlativ? Bitteschön: Die etwa 5 mm große Wattschnecke lebt in Kolonien von bis zu 60 000 Exemplaren pro Quadratmeter. Kaum vorstellbar. Und all diese Tiere müssen sich dem ständigen Wechsel von Wasser und Luft anpassen. Zudem ist das Wattenmeer Laichplatz und Kinderstube vieler Fischarten und Nahrungslieferant für zahlreiche Vögel – und natürlich auch für uns Menschen: Ohne Wattenmeer gäb's z. B. keine Krabben, also kein Krabbenrührei, keine Krabbensuppe, kein Krabbenbrötchen – ein schrecklicher Gedanke.

Diese artenreiche Welt wird von Industrie und Landwirtschaft, aber auch von Urlaubern bedroht. Deshalb ist ein Großteil der Nationalparks für Touristen tabu. Doch die Inseln und die fünf großen Halligen *Gröde, Langeneß, Oland, Nordstrandischmoor* und *Hooge* gehören nicht zum Nationalparkgebiet. Der Grund: Die strikten Naturschutzauflagen würden für deren Bewohner eine unzumutbare Beeinträchtigung ihres Lebens darstellen. Daher ist es in einigen Nationalparkzonen den Fischern auch nach wie vor gestattet, mit ihren Kuttern Fische zu fangen und Muscheln zu ernten. Und im Dithmarscher Watt darf sogar Erdöl gefördert werden *(mittelplate.de)*.

Falls für dich die Nordsee ohne Wasser nur „Matsch" ist, musst du diese Welt entdecken – dann wirst du verstehen, warum das Wattenmeer so kostbar ist. In den Infozentren entlang der Nord-

Lila leuchten die Salzwiesen im Frühsommer, wenn der Strandflieder blüht

seeküste bekommst du Informationen, wo du dich Pflanzen und Tieren jenseits des Deichs am besten näherst, wie du dich verhalten sollst und was unter deinen Füßen lebt, während du dich in den „Matsch" wagst – was auf jeden Fall im Rahmen einer kundigen Führung am interessantesten ist. Hier ein paar Anlaufstellen mit Infos, Ausstellungen und Veranstaltungen für „Wattentdecker":

Das *Landesamt für den Nationalpark (nationalpark-wattenmeer.de/sh)* sitzt in Tönning; Infos gibt es außerdem im *Infozentrum Wiedingharde (wiedingharder-infozentrum.de)* in Klanxbüll, im *Naturzentrum Mittleres Nordfriesland (naturzentrum-nf.de)* in Bredstedt, im *NABU-Naturzentrum Katinger Watt (nabu-katinger-watt.de)*, in der *Schutzstation Wattenmeer (schutzstationwattenmeer.de)* in Friedrichskoog und im *Nationalparkhaus St. Peter-Ording (nationalparkhaus-spo.de)*. Infostellen des NABU und der Schutzstation findest du auch in *Büsum* und *Westerhever*, auf *Nordstrand* und der *Hamburger Hallig*, im *Beltringharder Koog* und im *Meldorfer Speicherkoog*.

ZWISCHEN DEICH UND WATT

GESALZENE PFLANZEN

Auf den ersten Blick ist vor dem Deich alles gleich – schlichtes Grün bis zum Schlick. Grasen auf den Wiesen Schafe, mag dieser Eindruck stimmen. Denn wo die das Gras kurz halten, haben empfindliche Pflanzen kaum eine Chance. Durch Vertritt und Verbiss – so nennt es der Fachmann – wird die Flora der Salzwiesen eintönig. Um die Vielfalt zu erhalten, dürfen Schafe an der Nordseeküste nur noch auf etwa der Hälfte der Salzwiesen weiden.

Lässt man die Salzwiese „ins Kraut schießen", blühen dort u. a. die Strandaster, die Strandkamille, der Andel oder Strandwermut, die hübsche rosa Strandnelke, der rosa-violette Strandflieder und das Englische Löffelkraut (schön zu sehen in den Sommermonaten entlang des *Naturlehrpfads* in *Schobüll*, im *Katinger Watt*, im *Westerhever Vorland* und auf dem Weg zur *Hamburger Hallig*).

All diese Pflanzen werden mehrmals im Jahr „gesalzen": vom Nordseewasser überflutet. Nun ist es bei den Pflanzen nicht anders als beim Menschen: Salz ist lebensnotwendig, zu viel Salz schadet. Bei allen Pflanzen vor dem Deich hat es die Natur so eingerichtet, dass das überschüssige Salz neutralisiert wird oder Blätter mit gespeichertem Salz abfallen. Der Pionier auf der Salzwiese ist der Queller; diese fleischige Pflanze keimt sogar, wenn sie reichlich gesalzen wird. Und so steht sie an vorderster Front der Salzwiese und wächst sogar im Schlick. Wird der – übrigens essbare – Queller im Jahr zirka 700-mal überflutet, wird der oberste Teil der Salzwiese, der 50 cm über der mittleren Hochwasserlinie liegt, nur 50-mal von der Flut heimgesucht. Beste Bedingungen für den Strandflieder, der im Hochsommer weite, rosa-violette Blütenteppiche webt. Es mag verlockend sein, durch dieses Bunt von Blüten zu spazieren, doch bleib bitte auf den Wegen und genieß die Vielfalt der empfindlichen Flora entlang der ausgeschilderten Naturlehrpfade.

INSIDER-TIPP
Auf Bohlenwegen durchs Blütenmeer

DREHSCHEIBE FÜR VIELFLIEGER

Sie überwintern im Süden, machen sich dann im Frühjahr auf den Weg zu ihren Brutgebieten hoch im Norden; sie fliegen Tausende Kilometer über Kontinente und rasten – auf dem Globus winzig – im Wattenmeer zwischen Esbjerg in Dänemark und Den Helder in den Niederlanden: die Zugvögel.

Ein eiliger Gast im Watt ist der Knutt. Dieser kleine Langstreckenflieger landet im April/Mai an der Nordseeküste. Überwintert hat er an den Küsten Westafrikas, und auf seinem Weg ins Wattenmeer legt er – mit Nonstop-Etappen von bis zu 1000 km – 4000–5000 km zurück. Im Watt trippelt er über den Schlick und frisst und frisst, nimmt pro Tag 4 g zu. Nach drei Wochen hat der Knutt genug. Gestärkt startet er Anfang Juni Richtung Nordsibirien. Vor ihm liegen noch einmal mehr als 4000 km. Die absolviert er locker in zwei, drei Tagen. Hoch im Norden heißt es nisten und brüten. Sind die Jungen nach drei Wochen geschlüpft, starten die Eltern bereits wieder Richtung Süden. Und im August/September frisst der Knutt wieder im Watt, für ein paar Tage …

Weniger eilig haben es die Nonnen- oder Weißwangengänse. Sie rasten während ihres Zugs zwischen Winterquartier und Brutgebiet mehrere Monate im Wattenmeer. Zu sehen sind die Gänse mit dem schwarz-weiß gezeichneten Kopf u. a. im *Beltringhar-*

Das Watt bietet dem Langstreckenflieger Knutt das notwendige Powerfood

der Koog und im *Hauke-Haien-Koog,* im *Westerhever-Vorland* und auf den Salzwiesen der *Hamburger Hallig.* Sind sie bei ihrer Ankunft im März recht schlank, haben sie sich bis zur Weiterreise Ende April ein stattliches Hinterteil angefressen – genug „Treibstoff" für ihren Flug in die russische Arktis, wo sie brüten. Auf ihrem Rückzug gen Süden Anfang Oktober landen sie wieder: Zwischenstation Wattenmeer. Einige bleiben den Winter über hier; die meisten ziehen weiter.

Ein treuer Gast im Wattenmeer ist auch die Ringelgans, die so zahlreich erscheint, dass man ihr auf den Halligen ein eigenes Event ausrichtet: die Ringelganstage *(ringelganstage.de)* Ende April bis Anfang Mai. Die Gänse – jedes Frühjahr und jeden Herbst sind es um die 50 000 Tiere – hinterlassen auf den Halligweiden oft einen derartigen Kahlschlag, dass der Staat den Bauern eine Entschädigung zahlt.

DAS WATT

MILLIONEN VÖGEL

Fällt das Watt trocken, bietet sich vielen Vögeln ein gefundenes Fressen. Wobei sie hier nicht lange suchen müssen; es gibt reichlich Nahrung: Strandflöhe und Schlickkrebse, von denen es auf und unter der Oberfläche nur so wimmelt, dazu Muscheln, Wattwürmer, zurückgebliebene Garnelen und Strandkrabben.

Tausende von Vögeln kommen ins schleswig-holsteinische Wattenmeer zum Balzen, Brüten, Mausern. Die Gesamtzahl der Brutvögel wird auf etwa 100 000 Paare geschätzt. Zusätzlich

landen im Frühjahr und Herbst bis zu 1,5 Mio. Zugvögel gleichzeitig in dieser Region, um sich hier für den Weiterflug ins Brutgebiet bzw. in ihr Winterquartier zu stärken. Es ist ungeheuer beeindruckend, in dieser Zeit die riesigen Vogelschwärme über dem Wattenmeer zu beobachten, wenn Zehntausende Knutts oder Sanderlinge am Abend noch ein Himmelsballett aufführen, bevor sie zu ihren Schlafplätzen fliegen.

INSIDER-TIPP
Man nennt es Schwarmintelligenz

Prominentester Küstenvogel ist die Silbermöwe. Ob im Hafen, am Strand, an Bord der Fähren: Wo etwas abfällt, die Allesfresser sind schon da. Im Wattenmeer stellen die Möwen Krebsen, Krabben und Muscheln nach, am Ufer vertilgen sie auch tote Fische und See-

Ein Starenschwarm formiert sich ständig neu und verdunkelt manchmal sogar die Sonne

hunde. Das silbergraue Federkleid bekommt die Möwe erst nach vier Jahren; dann erst ist sie geschlechtsreif, mausert sich und verliert die braun gesprenkelten Federn.

Zahlenmäßig wird die Silbermöwe von der Lachmöwe überflügelt. Sie trägt ihren Namen nicht, weil sie beim Fliegen lacht, sondern weil sie auch an verschilften Seen, Teichen und eben Lachen brütet. Während der Brutzeit ist die Lachmöwe leicht an ihrem schwarzbraunen Kopf zu erkennen. Ist diese Zeit vorbei, bleibt ihr nur ein dunkler Fleck hinter dem Auge.

Großes Geschrei im Watt macht der Austernfischer, wegen seines schwarz-weißen Gefieders, seiner orangeroten Beine und des gleichfarbigen Schnabels auch „Halligstorch" genannt. Mit Letzterem knackt er die Schalen von Herz- und Miesmuscheln und auch die junger Austern. Vorwiegend jedoch stochert er im Watt und auf den Wiesen nach Würmern und anderem Getier. Seine Brutzeit beginnt Ende April. Wird das frei in einer Bodenmulde liegende Gelege gestört, pfeift er gellend und warnt so seine Jungen. Eindringlinge ins Brutrevier – auch menschliche – werden von ihm mutig im Tiefflug attackiert.

Eine einzigartige Flugshow kannst du im Frühjahr und Herbst am Himmel überm Watt an der deutsch-dänischen Grenze bestaunen: Bis zu 400 000 Stare fliegen dann als riesiger Schwarm die fantastischsten Formationen und verdunkeln dabei gelegentlich die untergehende Sonne – *sort sol* (schwarze

INSIDER-TIPP
Sonnenfinsternis

Ruhezone im Wattenmeer: Seehunde sonnen sich auf einer Sandbank

Sonne) nennen die Dänen diesen Tanz deshalb. Der einen besonderen Grund hat: Angst. Die Vögel fressen sich auf ihrem Zug auf den Äckern und Wiesen mit Insekten und Würmern satt. Ein gefundenes Fressen auch für Raubvögel wie Wanderfalken, Habichte oder Sperber, sollte man meinen – aber denkste! Wird einer gesichtet, steigen die Stare auf, und die Show geht los: Durch die Schwarmbildung und das Himmelsballett (für jede Raubvogelart gibt es übrigens spezielle Flugformationen!) wird das einzelne Individuum geschützt, und der völlig verwirrte Greifvogel fliegt irgendwann frustriert von dannen.

TRICKREICHE TIERE

Das Wasser kommt, das Wasser geht. Im Sechsstundentakt ändern sich im Watt die Lebensbedingungen. Für Tiere kein lebensfreundliches Revier, sollte man meinen. Doch es kribbelt und krabbelt in Schlick und Sand. Muscheln, Würmer, Schnecken und Garnelen haben sich dem Milieu angepasst.

Solange es nass genug ist, grasen Schnecken den Wattboden nach Algen ab; wird es ihnen zu trocken, buddeln sie sich ein. Auch dem Wattwurm wird es schnell zu sonnig, deshalb vegräbt er sich in seiner rund 25 cm tiefen, u-förmigen Wohnröhre. Dabei frisst er sich förmlich durch die Sedimente, scheidet sie wieder aus und hinterlässt an der Oberfläche ein geringeltes Häufchen Schlick – ein Anblick, der schon ungezählte unkundige Wattwanderer ins Grübeln gebracht hat.

Auch Muscheln bleiben bei Ebbe lieber im Untergrund. Sie saugen mittels einer Röhre den Wattboden nach feinsten Nahrungspartikeln ab. Droht Gefahr, wie etwa der Fuß eines Wattwanderers, wird die Röhre blitzschnell eingezogen, und ein winziger Wasserstrahl spritzt aus dem Sand. Kommt die Flut, graben die Muscheln sich wieder aus und lassen sich auf der Wasseroberfläche treiben. Nicht weniger trickreich passt sich die Miesmuschel dem Nass-trocken-Rhythmus an. Sie bleibt, egal ob Ebbe oder Flut, auf ihrer Muschelbank. Fällt diese trocken, macht sie dicht, verschließt die Schalen, stellt die Atmung ein, vermindert den Herzschlag und überlebt die Trockenperiode. Es sei denn, der Mensch „erntet" sie, was auf 1700 ha Fläche im Nationalpark Wattenmeer erlaubt ist – an mehreren Stellen wurden künstliche Muschelbänke angelegt, um Miesmuscheln zu züchten. Die jährliche Ernte beträgt im Schnitt 10 000 t.

HEULENDE HUNDE

Der runde Kopf, die dunklen Knopfaugen, der lustige Schnurrbart: Solch ein Wesen möchte Mensch schon mal aus der Nähe sehen. Leider kann genau das dem Seehund zum Verhängnis werden. Die Sandbänke im Wattenmeer sind die Rückzugsorte der knuddeligen Raubtiere, hier wollen sie ihre Ruhe haben – besonders im Sommer, wenn Geburt und Aufzucht der Jungen, Haarwechsel und Paarung auf dem Programm stehen. Von neugierigen Touristen, durch Lärm oder eine andere Störung aufgescheucht, geraten die Tiere in Stress und verlassen fluchtartig ihr sandiges Ruhekissen. Leicht wird dabei das Kind von der Mutter getrennt, und dann reagiert es wie die meisten menschlichen Kinder: Es heult. Entdeckst du so einen Heuler, berühr ihn auf keinen Fall – die Mutter würde ihr Junges nie wieder annehmen. Am besten informierst du die Seehund-

FAUNA MAL FÜNF

Als das Wattenmeer zum Weltnaturerbe erklärt wurde, haben sich die Touristikstrategen in der ihnen eigenen Sprache mal wieder etwas einfallen lassen: die „Big Five", die „Small Five" und die „Flying Five". Aber: Was zunächst nur nach einem weiteren Marketinggag aussieht, ist bei näherer Betrachtung durchaus sinnvoll. Unter diesen Slogans sollen Besuchern die wichtigsten und spektakulärsten tierischen Bewohner im Meer, im Watt und an der Küste nahegebracht werden: Seehund, Kegelrobbe, Schweinswal, Stör und Seeadler sind die „Großen"; Strandkrabbe, Nordseegarnele („Krabbe"), Herzmuschel, Wattschnecke und Wattwurm die „Kleinen", und Silbermöwe, Ringelgans, Brandgans, Austernfischer und Alpenstrandläufer bilden die Kategorie der „Fliegenden". Überall in der Region werden zu diesen „Fünfzehn" Veranstaltungen und Führungen angeboten.

Ein beherzter Sprung ist eine Möglichkeit, einen (kleinen) Priel zu überwinden

station *(Tel. 04854 13 72)* oder die Polizei.

IM WATT UNTERWEGS

SCHLICK, SAND UND PRIELE

Wenn das Wasser weg ist, bleibt eine Art „Flusslandschaft" zurück: Wasserläufe und sogenannte Priele, in denen das Wasser in die breiten Wattströme abfließt. Diese Ströme können 5 m und tiefer sein und dienen zugleich den Fähren als Fahrrinnen. Auch die kleineren Priele führen bei Ebbe noch Wasser – sie zu durchqueren oder gar in ihnen zu baden ist lebensgefährlich, da hier eine starke Strömung herrscht!

Ins Watt geht's am besten barfuß! Quillt der schwarze Schlick zwischen den Zehen, piksen Muschelsplitter, mag man sich Schuhe wünschen. Besser ist es, du gehst ohne. Es mag dir niemand wünschen: Doch bleibt dein Schuh im Schlick stecken, stehst du da wie ein Storch im Watt. Was für eine Schweinerei! Und dass du in Ufernähe einsackst, ist nichts Ungewöhnliches. Hier wird der Sand von dunkelblau-schwarzem Schlick – ein wasserreiches Gemisch aus Ton und feinstem Sand – überlagert, stellenweise knietief. Manch Wanderer guckt nach den ersten Metern im Watt etwas angeekelt auf seine Füße. Doch je weiter du dich vom Ufer entfernst, umso fester wird der Boden, das Schlickwatt geht in Sandwatt über. Hier gibt es kein Versacken mehr. Das Watt ist fest, und die Strömung hat Rippen in den Sand modelliert. Ein Spaziergang über diese Sandrippen ist zugleich eine wohltuende Massage für die Füße.

WATTFÜHRUNGEN ★

An der Westküste gibt es etwa 100 Wattwanderführer. Eine Übersicht über Wanderungen und Erkundungstouren bekommst du beim Verband der *Nationalpark-Wattführerinnen und -Wattführer (nationalpark-wattenmeer.de/sh)* und bei der *Schutzstation Wattenmeer (schutzstation-wattenmeer.de)*.

Aktuelle Wanderziele und -zeiten sind, abhängig vom Gezeitenkalender, u. a. an folgenden Treffpunkten angeschlagen und natürlich bei der jeweiligen Touristinformation zu erfragen. Dauer: 2–6 Std., Preis: 7–20 Euro.

Anmeldung und Treffpunkte:
Dagebüll: am Hafen und am Parkcenter/Busshuttle (Wanderung nach Oland, Langeneß) und am Fähranleger in Schlüttsiel (Wanderung nach Gröde, Hooge, Langeneß). *Anmeldung: Birgit Andresen (Tel. 04667 4 66 | wattwandererlebnis.de) und Regina Matthiesen (Tel. 04841 29 35 | wattwandererlebnis.de)*
Nordstrand: Abgangsstelle Fuhlehörn (Wanderung nach Rungholt) und Lüttmoorsiel (Watterkundung vorm Beltringharder Koog). *Anmeldung: Christine Dethleffsen (Tel. 04671 66 14 | watt-wandern.de)*
Büsum: Eingang Hauptstrand beim Piratenmeer und Büsumer Deichhausen beim Strandhaus *(Anmeldung nicht nötig | buesum-fuehrungen.de u. watterleben.de)*
Friedrichskoog: Zugang zum Hauptstrand *(Anmeldung meist nicht erforderlich | watterleben.de)*

WATTERKUNDUNG PER SCHIFF ★

Seetierfangfahrten, Wattwanderfahrten, Brunchfahrten, Krabbenfangfahrten, Kreuzfahrten durch die Halligwelt vorbei an den Seehundbänken, mit Wattwanderung kombinierte Halligfahrten – die Kapitäne lassen sich einiges einfallen, um Landratten aufs (Aussichts-)Deck ihrer Schiffe zu locken. Ein Törn kostet 12–45 Euro.
An Bord der Ausflugsschiffe der W. D.R. *(faehre.de)* gehen kannst du in Dagebüll und Schlüttsiel: Ab Schlüttsiel fahren auch die MS „Hauke Haien" *(wattenmeerfahrten.de),* die MS „Seeadler" *(seeadler-hooge.de)* und die MS „Rungholt" *(halligmeerfahrten.de).* In Büsum legen die Schiffe der Reederei H. G. Rahder *(rahder.de)* ab, in Tönning und in Strucklahnungshörn auf Nordstrand die der Insel- und Halligreederei „Adler Schiffe" *(adler-schiffe.de).*

WATTWANDERER-GUIDE

- Niemals bei auflaufendem Wasser eine Wattwanderung antreten. Ideale Zeit: zwei Stunden vor Niedrigwasser
- Nie allein ins Watt gehen, nie ohne Uhr und Kenntnis der Hoch- und Niedrigwasserzeiten (Gezeitenkalender besorgen!)
- Priele führen eine mitunter äußerst starke Strömung!
- Wattwandern nur bei ruhigem Wetter und klarer Sicht. Vorhersagen beachten: Das Wetter kann schnell umschlagen!
- Bei Gewitter ist das Betreten des Wattenmeers lebensgefährlich. Wasser und erhöhte Punkte ziehen Blitze an
- Die Zeit für den Rückweg berechnen
- Vor Beginn einer Wattwanderung sich unbedingt bei einer Person abmelden
- Ein Kompass kann Leben retten
- Geeignete Kleidung mitnehmen: Gefahr des Sonnenbrands, Sonnenstichs oder der Auskühlung bei starkem Wind

ERLEBNIS TOUREN

Lust, die Besonderheiten der Region zu entdecken? Dann sind die Erlebnistouren genau das Richtige für dich! Ganz einfach wird es mit der MARCO POLO Touren-App: Die Tour über den QR-Code aufs Smartphone laden – und auch offline die perfekte Orientierung haben.

1 DURCH NORDFRIESLANDS KÖGE BIS NACH DÄNEMARK

- Alte Deiche, weite Köge und ein hoher Himmel
- Grenzübertritt: Stippvisite in Dänemark
- Zu Besuch in Emils Garten: das Nolde-Museum

Start: Niebüll

Ziel: Niebüll

Länge: 44 km

Dauer: 6–7 Stunden, reine Fahrzeit: 2 ¾ Stunden

Mitnehmen: Badezeug, Personalausweis
Achtung: Auf den schmalen, kurvigen Straßen durch die Köge muss man stets mit Gegenverkehr rechnen!

Beliebtes Ziel für Radler: der Leuchtturm Westerheversand

IM ZICKZACK DURCH DIE KÖGE

Die Tour beginnt auf dem Rathausplatz von ❶ **Niebüll** ➤ **S. 42**. *Du folgst dem Hinweisschild zum Naturkundemuseum* ➤ *S. 42, vor dem nach rechts eine kleine Straße zum Freibad führt. Hier biegst du ab. Nach zwei Kurven* kannst du hinter den Bäumen Niebülls **Freibad** ➤ **S. 43** sehen und eine Badepause einlegen.

❶ Niebüll
19 km 1 h 10 min

Hinter dem Ortsschild beginnt die Weite der Köge: im Süden der Christian-Albrechts-Koog, im Norden der Gotteskoog, mit einer Fläche von 104 km^2 der größte Koog Nordfrieslands. *Auf dem Gotteskoogsdeich geht es Richtung Westen, doch schon nach etwa 4 km führt die schmale Straße Am Rollwagenzug rechts in den Koog*. Auf ihr fährst du nun durch kuhbestandene Wiesen, Raps- und Maisfelder. *Bei der ersten Möglichkeit biegst du links in den Südergotteskoogsweg, nach scharfer Rechtskurve links in den Kohlhamm, im weiteren Verlauf folgst du dem Schlickweg und einer Rechts-links-Kombination in den Nordergotteskoogsweg, bis du nach 7,5 km den Hoddebülldeich erreichst. Hier geht's rechts und dann 5,5 km bis nach* ❷ **Neukirchen**. Auf dieser Strecke überquerst du die Bahnlinie Niebüll–Westerland.

❷ Neukirchen
6 km 20 min

MAL KURZ ÜBER DIE GRENZE

Hunger? Dann ist der **Landgasthof Fegetasch** *(tgl., Mo, Mi nur abends | Osterdeich 63–65 | Tel. 04664 2 02 | fegetasch.de | €)* am nördlichen Ortsausgang eine gute Adresse. Gestärkt fährst du *gleich vor der Tür halblinks in die Straße Beim Siel. Nach 1 km biegst du rechts in den Neudamm ein.* Gesäumt von Wiesen und Pferdekoppeln, führt dieser beschauliche Weg bis zur dänischen Grenze: *An der nächsten Kreuzung leitet dich rechts die leicht ansteigende Straße auf einen Deich.* Linker Hand, hinter dem Weidezaun, beginnt Dänemark. Eine gute Gelegenheit, auch mal einen Blick auf den Wildschweinzaun zu werfen, der seit Ende 2019 das Land der Schweinezüchter vor der vorwiegend von Wildsäuen verbreiteten Schweinepest schützen soll …

3 Grenzübergang Rosenkranz

3 km 10 min

Du erreichst den **3 Grenzübergang Rosenkranz**. Das Zollamt steht leer, der Schlagbaum ist abgeschraubt. Kontrollen gibt es kaum. In kurzen Abständen in den Asphalt der Grenzstraße eingebettet, markieren rote Granitsteine mitten auf der Straße, wo genau die Grenze verläuft. Fahr noch ein kurzes Stück ins Königreich hinein – vorbei am **Alten deutschen Grenzkrug** *(Mi–Fr ab 16, Sa, So ab 11.30 Uhr | Tel. 04664 3 86 | alter-deutscher-grenzkrug.de | €)* und seinem Pendant auf dänischer Seite, dem **Rudbøl Grænsekro** *(tgl. ab 8 Uhr | rudbol.dk | €€€)* –, denn der Blick auf den Ruttebüller See ist fantastisch! Hier bekommst du einen Eindruck von der Landschaft, die Emil Nolde einst faszinierte und inspirierte.

INSIDER-TIPP
Mit einem Bein im Königreich

…UND DANN BEI NOLDES VORBEISCHAUEN

Wieder in Deutschland, *folgst du dem Schild „Nolde-Stiftung Seebüll" und kommst an zwei kleinen Su-*

permärkten vorbei. Wenige Meter hinter dem zweiten führt links der für Autos gesperrte Noldeweg direkt zum ❹ **Nolde-Museum ➤ S. 44**, dem einstigen Wohnhaus und Atelier des Malers. Der klotzige Bau aus dunklen, rotgrauen Steinen wirkt auf der Warft wie eine Burg im flachen Nordfriesland. Mach einen Spaziergang durch Ada und Emil Noldes wunderschönen Staudengarten und gönn dir anschließend im **Café Seebüll ➤ S. 44** ein Stück Kuchen oder ein Eis.

❹ Nolde-Museum
1 km 5 min

Lust auf ein erfrischendes Bad? *Fahr einfach 500 m nach Süden und den Revtoftweg rechts Richtung Neukirchen. Nach weiteren 500 m weist ein Schild zum* ❺ **Hülltoft-Tief**. In den Sommermonaten eine lauschige Badestelle mitten in Emil Noldes Landschaft.

❺ Hülltoft-Tief
15 km 1 h

Der Weg zurück nach ❶ **Niebüll** führt mehr oder weniger geradeaus über *Hülltoftweg, Krakebüller Straße, Hattersbüllhallig, Aventofter Straße, Süderende und Süderweg* wieder in die Stadtmitte.

❶ Niebüll

❷ AN EIDERSTEDTS NORDKÜSTE

- ➤ **Weithin sichtbares Highlight: Leuchtturm Westerheversand**
- ➤ **Weiter Blick vom Deich bis nach Pellworm**
- ➤ **Gewaltiger Bauernhof: der Rote Haubarg**

Start: St. Peter-Ording	Ziel: Lundenbergsand
52 km	8 Stunden, reine Fahrzeit 3 Stunden

Mitnehmen: Fernglas, Badezeug
Achtung: Von **Lundenbergsand** bis zum Husumer Bahnhof sind es etwa 6 km, von dort fährt stündlich ein Zug in ca. 50 Minuten zurück nach **St. Peter-Ording.**

❶ **St. Peter-Ording**
21 km 1 h 15 min

❷ **Infokiosk**
1 km 5 min

❸ **Westerhever**
14 km 50 min

❹ **Everschopsiel**
11 km 40 min

VON LEUCHTTURM ZUM KIRCHTURM …

Egal, wo du im weitläufigen ❶ **St. Peter-Ording** ➤ S. 74 startest – du musst *ab Ording auf die Straße nach Norden in Richtung Tümlauer Koog und Westerhever. Auf oder neben dem Deich folgst du der Deichkante, bis es kurz vor einem Schöpfwerk ein Stück nach Westen zum* **Leuchtturm Westerheversand** ➤ S. 76 und zu einem ❷ **Infokiosk** mit Parkplatz, Souvenirshop, Würstchenbuden und Toilettenhäuschen geht. Von hier aus lugt das werbebekannte Wahrzeichen Nordfrieslands schon über den Deich. Lass dich aber nicht täuschen, tatsächlich ist es noch 2,5 km Fußweg (!) entfernt. Da deine kleine Radreise noch etwas dauern wird, solltest du auf einen Besuch verzichten und höchstens eine Lammsalami als haltbares Mitbringsel erstehen.

Weiter geht's landeinwärts nach ❸ **Westerhever**. Auch da gibt's einen Turm: den der **St.-Stephanus-Kirche**. Er ist der älteste Turm Eiderstedts und diente bis zum Bau des Leuchtturms (1907) als Seezeichen. Dein Weg führt dich nun *durch den Augustenkoog bis Osterhever, wo du scharf nach links Richtung Deich abbiegst. Eine kurze, knackige Rechts-links-Kombination – dann fährst du auf dem Deich (bei Nordwind unterhalb) bis* ❹ **Everschopsiel**.

VOM SPIEKER ZUM HAUBARG

Dort wird gerastet: im modernen Bistro **Spieskommer** *(Mitte Juni–Mitte Sept. tgl. 11.30–21, Mitte März–Mitte Juni u. Mitte Sept.-Okt. Mo–Sa 11.30–14.30 u. 17–21, So 11.30–21 Uhr | Tel. 04865 90 12 90 | spieskommer.de | €€)* mit seiner schönen Terrasse, von der aus du auf den Tetenbüllspieker schaust, einen See, der Naturschutzgebiet und Vogelrefugium ist. Vom Deich aus kannst du bis Pellworm und Nordstrand gucken, an der **Badestelle Everschopsiel** in die Nordsee hüpfen!

Gut gestärkt und erfrischt fährst du nun *auf dem Deich oder zu seinen Füßen bis Uelvesbüll*. Von dort führt dich der Weg wieder *landeinwärts mit leichter Steigung über den Porrendeich* zum von hohen Bäumen umgebenen **5 Roten Haubarg** ➤ S. 83 (ausgeschildert). Mach hier unbedingt mal kurz halt und schau dir an, warum so ein Haubarg Haubarg heißt. Danach lässt du ihn im wahrsten Sinn des Wortes *links liegen und fährst gen Norden ins beschauliche Simonsberg*.

5 Roter Haubarg
5 km 15 min

Hier verlässt du allmählich die Halbinsel Eiderstedt, indem du im Ort *den Schildern nach* **6 Lundenbergsand** ➤ S. 64 folgst. Im gleichnamigen **Hotel** *(hotel-lundenbergsand.de)* direkt hinter dem Deich kannst du Quartier nehmen und sehr gut (zu Abend) essen.

6 Lundenbergsand

3 AM NORD-OSTSEE-KANAL

- ➤ Das Nadelöhr zur Nordsee: die Brunsbütteler Schleusen
- ➤ Durch die Marsch zu Deutschlands tiefster Landstelle
- ➤ Kaum bekanntes Naturschutzgebiet: der Kudensee

Start: Brunsbüttel
Ziel: Brunsbüttel
Länge: 47 km
Dauer: 1 ½ Tage, reine Fahrzeit: 3 Stunden
Mitnehmen: Fernglas

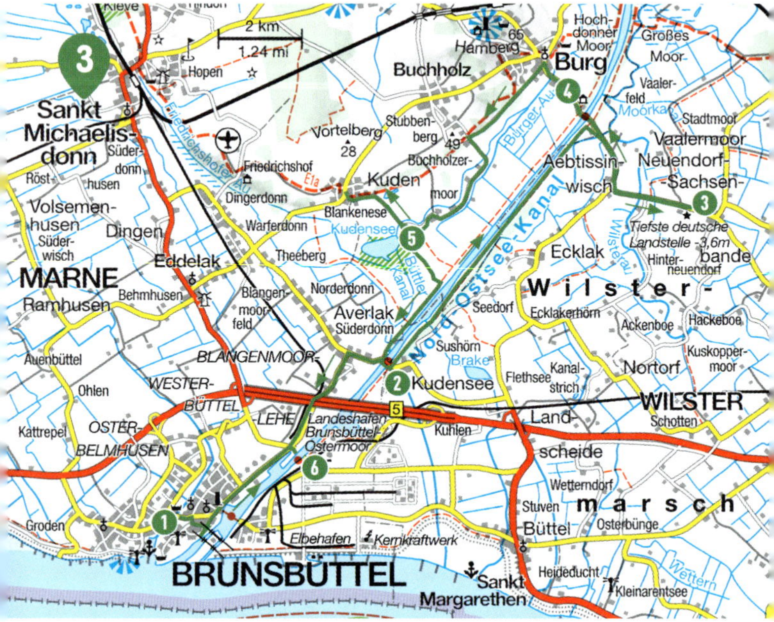

TAG 1

① Brunsbüttel

8 km 30 min

② Fähre Kudensee

12 km 45 min

③ Tiefste Landstelle Deutschlands

4 km 15 min

AM UND ÜBER DEN KANAL

Du startest in **① Brunsbüttel** ➤ S. 102 an den **Brunsbütteler Schleusen** ➤ S. 103 bzw. der Marina und *fährst auf der Ostermoorer, später Blangenmoorer Straße* auf wenig ansehnlicher, aber kurzer Strecke *immer geradeaus mit dem Kanal zu deiner Rechten, bis ein Schild nach rechts zur* **② Fähre Kudensee** weist. Hier erwartet dich das Vergnügen einer Gratis-Minischiffsfahrt: Du setzt mit der Kanalfähre über auf die Südseite.

Etwa 8 km geht es nun am Kanal entlang gemütlich nach Nordosten – mit Schiffen zur Linken und Gebüsch zur Rechten – *bis zum Fähranleger des Städtchens Burg,* wo du aber (noch) nicht übersetzt, sondern *rechts auf die schmale Landstraße* einbiegst, die dich zur **③ tiefsten Landstelle Deutschlands** bringt. Die ist zwar wenig spektakulär – ein kleiner Rastplatz mit Markierungspfahl, Infotafel, Wasserstelle (kein Trinkwasser!) und Fahnenmasten –, liegt aber immerhin 3,54 m unter Normalnull!

Nach diesem vermutlich einmaligen Erlebnis geht es *auf derselben Strecke wieder zurück,* und nun lässt du dich von der **Burger Fähre** *zurück auf die Nordseite* des Kanals bringen. Dort erwartet dich das ❹ **Burger Fährhaus** *(burger-faehrhaus.de)* mit einer Sonnenterrasse unter hohen Bäumen und guter regionaler Küche – ein perfekter Platz, um den Fährbetrieb und die vorbeituckernden Schiffe zu beobachten. Mach nach dem Abendessen noch einen Spaziergang am Kanal, bevor du dich in eines der Zimmer zurückziehst.

INSIDER-TIPP
Fähre, Frachter, Fischfilet

❹ Burger Fährhaus

VÖGEL UND SCHIFFE GUCKEN

Nach dem Frühstück geht's weiter, und zwar zunächst *nach Norden in Richtung Burg* ➤ *S. 100**. Kurz vor dem Ortskern biegst du jedoch links ab in die Straße Unterm Cleve, ihr folgst du nach Südwesten.* Der Weg verläuft am Waldrand unterhalb des Geestrückens, sodass du linker Hand die Marschlandschaft überblicken kannst, dahinter blitzt gelegentlich das Wasser des Kanals auf, und du siehst die Decksaufbauten der großen Pötte über den Uferbäumen schweben. *Nach etwa 2,5 km weist ein Schild den Weg nach links ins* **Buchholzer Moor** und damit in die Marsch Richtung Kanal.

TAG 2
12 km 45 min

An der übernächsten Kreuzung stößt du auf den Weg, der vom hübschen Dorf Kuden zum Kanal führt. Bevor du *diesem Weg folgst,* solltest du dein Rad kurz abstellen und das Fernglas zücken, denn genau gegenüber liegt der nur 1,2 m tiefe ❺ **Kudensee** – mit 39 ha Dithmarschens größter See und mit seinem Umland Natur- und Vogelschutzgebiet. Hier brütet u. a. die seltene Rohrdommel.

❺ Kudensee
8 km 30 min

Zurück am Kanal, fährst du an ihm entlang weiter bis zur ❻ **Fähre Ostermoor**. *Für die letzten 2 km* der Tour musst du wieder *dieselbe Straße wie auf dem Hinweg* nehmen. Zum Abschluss setzt du dich in ❶ **Brunsbüttel** auf die Terrasse des Restaurants **Torhaus** ➤ **S. 103** und beobachtest beim Essen, wie Segelschiffe in die Marina manövrieren und dicke Pötte sich in und aus den Schleusen schieben.

❻ Fähre Ostermoor
4 km 15 min
❶ Brunsbüttel

GUT ZU WISSEN

DIE BASICS FÜR DEINEN URLAUB

ANKOMMEN

ANREISE

Du hast drei Möglichkeiten, an die Nordseeküste zu kommen: 1. Du nimmst die A 7 Hamburg–Flensburg, fährst bis zur Abfahrt Schleswig/Schuby, weiter auf der B 201 nach Husum oder bis zur letzten Ausfahrt vor der Grenze und über die B 199 nach Leck bzw. Niebüll. 2. Weniger Staus gibt es auf der A 23 Hamburg–Heide und weiter auf der B 5 Richtung Norden. 3. Magst du es gemächlich, dann verlässt du die A 23 hinter Itzehoe (Abfahrt Brunsbüttel) und bummelst über die Dörfer Richtung Heide.

Die Regionalzüge der Deutschen Bahn verlassen nahezu stündlich den Bahnhof Hamburg-Altona und bringen dich nach Heide (Anschluss nach Büsum), Husum (Anschluss nach St. Peter-Ording) und Niebüll (Anschluss mit der NEG nach Dagebüll-Mole). Die IC- und ICE-Züge der DB fahren bis zu achtmal täglich ab Hamburg-Hauptbahnhof und Hamburg-Dammtor.

Husum ist auch über das Flixbus-Netz *(flixbus.de)* zu erreichen. Auf dem Weg dorthin hält der Fernbus auch in Heide, Tönning, Garding und Tating.

MITNEHMEN

Ohne dir die Laune verderben zu wollen – Regenjacke und Kopfbedeckung sind Pflicht, und auch Pullover oder Strickjacke solltest du mitnehmen, denn bei Wind kann es abends rasch kühl werden.

Ins Gepäck gehört unbedingt auch eine Sonnencreme mit hohem Lichtschutzfaktor. Am Meer ist nicht nur direkt am Strand die Intensität der Sonneneinstrahlung – auch bei bewölktem Himmel – nicht zu unterschätzen.

Wenn die Windstärken zweistellig werden, kapituliert auch der stabilste Schirm …

WEITER-KOMMEN

BUSSE

Einige Buslinien nehmen in der Saison Fahrräder mit. In der Nebensaison ist der Fahrplan oft stark ausgedünnt. Das gilt auch in den schleswig-holsteinischen Sommerferien, zumindest abseits der Urlaubsorte. Informationen und Fahrpläne erhältst du bei der *Autokraft GmbH (bahn.de/auto kraft).*

FÄHREN

Fährhäfen für Amrum, Föhr und die Halligen sind Dagebüll und Schlüttsiel. Infos und Tickets: *Wyker Dampfschiffs-Reederei (Tel. 04681 800 | faehre.de).* Pellworm erreicht man mit der Autofähre ab Nordstrand. Info und Tickets: *NPDG-Reederei Pellworm (Tel. 04844 753 | faehre-pellworm.de).* Für alle Fähren gilt: den Pkw-Stellplatz in der Hochsaison frühzeitig reservieren! Außerdem fahren ab Büsum, Husum und Nordstrand Fahrgastschiffe zu den Inseln und Halligen, z. B. *adlerschiffe.de.*

IM URLAUB

AUSKUNFT

Bei den Kurverwaltungen der Urlaubsorte bekommst du Informationsmaterial und Veranstaltungshinweise. Einen Überblick über die einzelnen Regionen geben die Broschüren und Websites der zentralen Touristinformationen:

– *Nordfriesland-Tourismus GmbH (nordfrieslandtourismus.de);* Touristinfos in *Bredstedt, Dagebüll, Klanxbüll, Leck* und *Niebüll*

– Tourismus und Stadtmarketing Husum GmbH (Altes Rathaus | Großstr. 27 | 25813 Husum | Tel. 04841 8 98 70 | husum-tourismus.de)
– Lokale Tourismus-Organisation *St. Peter-Ording* und *Eiderstedt (tz-eider stedt.de);* Touristinfos in *Friedrichstadt, Garding, St. Peter-Ording* und *Tönning*
– Dithmarschen-Tourismus (Markt 10 | 25746 Heide | Tel. 0481 2 12 25 55 | dithmarschen-tourismus.de)

BADEN

Wo ist das Meer? Wann kommt es zurück? Antworten auf diese im Nordseeurlaub essenziellen Fragen gibt der Gezeitenkalender. Kostenlos gibt's die Ebbe-und-Flut-Tabelle bei den Touristinformationen und auf deren Websites.
Auch wenn es durchaus Leute gibt, die zu Weihnachten oder Neujahr in die Nordsee hüpfen, Badesaison ist von Mitte Juni bis Mitte September. Das Wasser wird selten wärmer als 18 Grad, an besonders flachen Stellen können es schon mal 20 Grad sein.
Nacktbaden ist erlaubt; an den meisten Stränden gibt es eine ausgewiesene FKK-Zone. Die Hallenbäder haben Extrazeiten für hüllenloses Baden.

BAUERNHOFURLAUB

Überall in der Region gibt es Höfe, die Landwirtschaft und Tourismus kombinieren und zum Teil sehr komfortable Zimmer und Ferienwohnungen vermieten, z. B.:
– Im Norden: Moordeichhof (moor deichhof.de) in Fahretoft bei Dagebüll
– Bei Husum: Maashof (maashof-rath mann.de)
– Auf Eiderstedt: Haubarg Blumenhof (haubarg-blumenhof.de) bei Tating und *Kantorhof (kantorhof-urlaub.de)* bei Tetenbüll
– In Dithmarschen: Ferienhof Krey (hof-krey.de) in Neufelderkoog, *Ferienhöfe Bock (ferienhof-bock.de)* bei Friedrichskoog und *Borcherding (ferien hof-borcherding.de)* in Süderdeich
Viele weitere Adressen findest du unter *landsichten.de/schleswig-holstein.*

CAMPING

Auf den Campingplätzen entlang der Küste sind viele Stellplätze für Dauercamper reserviert. In der Hochsaison also frühzeitig buchen! Eine Übersicht über Campingplätze und Stellplätze für Wohnmobile gibt die *Nordsee-Tourismus-Service GmbH* heraus.
Campingplätze in besonders ansprechender Lage sind beispielsweise:
– Rudbøl Camping (Rudbølvej 36 | Højer | Tel. +45 74 73 82 88 | rud bol-camping.dk)
– Nordsee-Camping Zum Seehund (Lundenbergweg 4 | Simonsberg | Tel. 04842 85 34 | nordstrandcamping.de)
– Seeblick (Nordseestr. 39 | Schobüll | Tel. 04841 33 21 | nordseecamping. de)
– Biehl (Utholmer Str. 1 | St. Peter-Ording | Tel. 04863 9 60 10 | campingplatz-biehl.de)
– Klein Westerland (Zur Holtenau 1 | direkt am Nord-Ostseekanal | Hochdonn | Tel. 04825 23 45 | campingplatz-klein-westerland.de)

FAHRRADFAHREN

Natürlich gibt es in jedem Ferienort mehrere Fahrradverleihe, die meist

FESTE & EVENTS

RUND UMS JAHR

FEBRUAR

Karneval (Rosenmontagsumzug in Marne), *marnholfast.de*

★ ***Biikebrennen*** (Foto; Küstenorte)

MÄRZ/APRIL

★ ***Krokusblütenfest*** (Schlosspark Husum), *husum.de*

Ostereiermarkt (Packhaus Tönning), *packhaus-toenning.de*

MAI–JULI

Nordfriesische Lammtage (überall im Land), *lammtage.de*

JULI

Meldorfer Markttreiben: Mittelaltermarkt, *meldorfer-markttreiben.de*

Heider Marktfrieden: Historisches Schauspiel und Markt, *heide-nordsee.de*

Wattolümpiade: Funsport im Watt vor Brunsbüttel, *wattoluempia.de*

JULI/AUGUST

Schleswig-Holstein Musikfestival (überall im Land), *shmf.de*

AUGUST

★ ***W:O:A:*** Heavy-Metal-Festival in Wacken, *wacken.com*

Kitesurf Masters (St. Peter-Ording), *kitesurf-masters.de*

Hafenfeste (Büsum, Tönning, Husum), *buesum.de, toenning.de, hafentage-husum.de*

Tønder Festival: Folk- und Rootsmusic-Festival, *tf.dk*

SEPTEMBER

Kunstgriff: „Klang, Bild und Wort" (Dithmarschen), *kunstgriff.de*

Dithmarscher Kohltage (überall in der Region), *dithmarscher-kohltage.de*

OKTOBER

Krabbentage (Husum), *husum.de*

NOVEMBER/DEZEMBER

Weihnachtsmärkte (überall im Land)

Weihnachtsereignis (Packhaus Tönning), *packhaus-toenning.de*

Julebyen (Tønder), *toender.dk*

auch E-Bikes, Mountainbikes und Kinderräder im Angebot haben. Die Tagespreise z. B. in Büsum liegen zwischen 7,50 Euro (Tourenrad) und 20 Euro (E-Bike). Bei vielen Touristinformationen bekommt man eine Radkarte, auf der auch Tourenvorschläge ausgearbeitet sind. Achtung: An der Küste weht oft ein frischer Wind!

INSIDER-TIPP
Clever radeln

Vergewissre dich also bei der Tourenplanung, dass er zumindest auf dem Rückweg weitgehend von hinten kommt!

INTERNET & WLAN

Drahtlos ins Netz kommst du fast überall – und in den meisten Hotels und Touristinfos auch gratis. Einige Orte haben Hotspots am Strand oder anderen Plätzen eingerichtet.

KURABGABE & GÄSTEKARTE

Die Kurabgabe ist in den Badeorten die Eintrittskarte zum Strand, zugleich bietet die Gästekarte viele Vergünstigungen und ermäßigten Eintritt. Die Höhe der Abgabe ist von Ort zu Ort verschieden. Am meisten zahlt man in Büsum und St. Peter-Ording: in der Hauptsaison generell 3 Euro pro Tag und Person (Kinder frei).

NATURSCHUTZGEBIETE

Abgesehen vom Wattenmeer gibt es in den Kreisen Dithmarschen und Nordfriesland (ohne Inseln) 29 Naturschutzgebiete mit einer Gesamtfläche von ca. 101 km². Das größte ist der Beltringharder Koog mit ca. 33 km². Eine Liste und weitere Informationen findest du unter *short.travel/nsh6*.

ÖFFNUNGS- & SAISONZEITEN

Die Öffnungszeiten der Restaurants stimmen nicht immer mit den Essenszeiten überein, nicht sehr viele Lokale bieten durchgehend warme Küche. Die Küchenzeiten liegen meist zwischen 11.30 und 14 sowie zwischen 17 und 22 Uhr. In den Touristenorten kann man sieben Tage die Woche shoppen – die Bäderregelung erlaubt es den Läden, während der Saison auch an Sonntagen zu öffnen.

Viele Gastwirte und Ladenbesitzer nehmen im November/Dezember und/oder im Januar/Februar ihren verdienten Jahresurlaub. Zwischen Weihnachten und Neujahr sowie zur Biike ist aber überall geöffnet.

WAS KOSTET WIE VIEL?

Bier	2,50–3,50 Euro *für 0,3 l vom Fass*
Schiffsausflug	17–23 Euro *für einen Halligtörn mit Seetierfang*
Pharisäer	3,50–4,50 Euro *für einen Becher*
Strandkorb	5–8 Euro *Miete für einen Tag*
Souvenir	ab 20 Euro *für eine Seemannsstrickmütze*
Imbiss	4/5 Euro *für ein Fischbrötchen mit Matjes/Krabben*

PREISE & ZAHLUNGSMITTEL

Grundsätzlich ist der Urlaub auf dem Festland preiswerter als auf den Inseln. In Küstennähe steigen die Preise – relativ teuer sind St. Peter-Ording und Büsum. Bleibst du im Binnenland, schonst du deine Urlaubskasse. Deine Hotelrechnung kannst du überall mit der EC-Karte begleichen, die auch in vielen Restaurants akzeptiert wird. Kreditkarten werden jedoch nur selten angenommen.

NOTFÄLLE

NOTRUFE

Polizei: *Tel. 110*; *Rettungswagen, Notarzt*: *Tel. 112*; die Telefonnummern lokaler Feuerwehr- und Rettungsstationen stehen auf Schildern am Zugang zum Strand und bei den DLRG-Stationen.

WICHTIGE HINWEISE

HUNDE

Viele Strände und Deichabschnitte sind für Hunde Sperrgebiet, oder sie müssen an der Leine geführt werden. Wo sich dein vierbeiniger Gefährte austoben darf, erfährst du bei den Touristinformationen.

SCHWIMMEN

Schwimmen in der Nordsee ist nicht ungefährlich. An bewachten Stränden informieren die DLRG-Stationen über Gefahren. Wird dort ein roter Ball gehisst, solltest du nur unter Aufsicht ins Wasser gehen, bei zwei Bällen herrscht Badeverbot.

WETTER IN ST. PETER-ORDING

Hauptsaison
Nebensaison

	JAN.	FEB.	MÄRZ	APRIL	MAI	JUNI	JULI	AUG.	SEPT.	OKT.	NOV.	DEZ.
Tagestemperaturen	2°	3°	6°	10°	15°	18°	19°	20°	17°	13°	8°	4°
Nachttemperaturen	-2°	-2°	0°	3°	7°	11°	13°	13°	11°	7°	3°	0°
Sonnenschein Stunden/Tag	1°	2°	4°	6°	8°	8°	7°	7°	5°	3°	2°	1°
Niederschlag Tage/Monat	12°	8°	8°	9°	8°	8°	11°	12°	12°	12°	14°	13°
Wassertemperatur in °C	1°	1°	3°	7°	12°	16°	18°	18°	15°	11°	6°	3°

Sonnenschein Stunden/Tag · Niederschlag Tage/Monat · Wassertemperatur in °C

URLAUBS FEELING

ZUM EINSTIMMEN & AUSKLINGEN

LESESTOFF & FILMFUTTER

SCHNEETAGE
Vor dem Hintergrund der Schneekatastrophe um die Jahreswende 1978/79 erzählt Jan Christophersen eine Familiengeschichte und setzt Leuten und Land an der Küste ein Denkmal (2010)

DEUTSCHSTUNDE
Der in der Zeit des Nationalsozialismus spielende Schlüsselroman (1968) von Siegfried Lenz ist zugleich eine Liebeserklärung an die Nordseeküste. 2019 von Christian Schwochow neu verfilmt, mit Ulrich Noethen und Tobias Moretti

DIE SCHIMMELREITER
Nein, dieser Film (2008) von Lars Jessen hat wenig mit Theodor Storm zu tun. Es geht um zwei Typen (Peter Jordan und Axel Prahl), die nur eines wollen: fort in die Stadt. Oder vielleicht doch nicht?

WACKEN 3D
Die Dokumentation übers W:O:A von 2013 ist großes Kino (wegen der 3D-Effekte) und große Oper (wegen des tollen Tons). Als Main Acts: Alice Cooper, Deep Purple, Lemmy Kilmister (Motörhead) und Rammstein – louder than hell!

PLAYLIST LIEDERMACHER

0:58

KNUT KIESEWETTER – FRESENHOF
Kaum jemand gelang es, das nordfriesische Land in seinen Liedern so gut einzufangen

HANNES WADER – MIN JEHANN
Der Liedermacher hat dieses berührende Gedicht des berühmten Heimatdichters Klaus Groth vertont

TORFROCK – KAROLA PETERSEN
Ein Liebeslied, könnte man sagen, und zwar für die fingerfertigste Krabbenpulerin an der Küste

HANS HARTZ – WENN MÖWEN SCHREIEN
Der gebürtige Husumer besang die Gefahr einer Ölpest

INA MÜLLER – SCHNEE FÄLLT BALD
In Platt- und in Hochdeutsch der Song zum Herbst an der Küste

Den Soundtrack zum Urlaub gibt's auf **Spotify** unter **MARCO POLO** Nordsee

Oder Code mit Spotify-App scannen

AB INS NETZ

BLOG.NORDFRIESLAND-ONLINE.DE
Der Blog des Nordfriesland-Onlinemagazins. Mit Berichten und Kommentaren zu Messen, Stadtfesten, kulturellen Veranstaltungen ..."

EIDERSTEDT.NET/BLOG
Die Eiderstedt-Website informiert in ihrem Blog über Veranstaltungen und Ereignisse auf der Halbinsel

BEACH EXPLORER
Was für 'ne Muschel ist das ... oder ist das Müll? Am Strand was gefunden, das du nicht kennst? Mit dem Smartphone fotografieren, per App hochladen und zack: identifizieren. So einfach ist das!

NOK APP
Alle Infos für eine Rad- oder Wandertour entlang des Nord-Ostsee-Kanals: von Einkehren bis Übernachten

NORDSEEGEZEITEN
Wann setzt die Flut in Dagebüll ein? Wann ist Niedrigwasser in St. Peter-Ording? Sehr praktische App für Surfer, Wattwanderer & Co.

TRAVEL PURSUIT

DAS MARCO POLO URLAUBSQUIZ

Weißt du, wie Nordseeküste Schleswig-Holstein tickt? Teste hier dein Wissen über die kleinen Geheimnisse und Eigenheiten von Land und Leuten. Die Lösungen findest du in der Fußzeile. Und ganz ausführlich auf den S. 18–23.

❶ Wie lautet die korrekte Bezeichnung für Krabben?

a) Nordseegarnelen
b) Kaisergranat
c) Porren

❷ Wer oder was ist der „Blanke Hans"?

a) Ein stadtbekannter Husumer Bettler
b) Die Nordsee bei Sturmflut
c) Eine Kneipe in Büsum

❸ Was ist ein Vierkant?

a) Ein Klempnerwerkzeug
b) Das hintere Ende einer Schiffsschraube
c) Der Mittelteil eines Haubargs

❹ Wie viele Sprachen werden an der Küste gesprochen?

a) Drei
b) Vier
c) Fünf

❺ Was ist ein Koog?

a) Ein Stück eingedeichtes Marschland
b) Eine Seemannskneipe
c) Eine Karaffe für den Eiergrog

❻ Was gehört nicht ins Fischbrötchen?

a) Tomatenketchup
b) Salatblatt
c) Zwiebelringe

Lösungen: 1a, 2b, 3c, 4c, 5a, 6a,

Im Dockkoog bei Husum

REGISTER

LOB ODER KRITIK? WIR FREUEN UNS AUF DEINE NACHRICHT!

Trotz gründlicher Recherche schleichen sich manchmal Fehler ein. Wir hoffen, du hast Verständnis, dass der Verlag dafür keine Haftung übernehmen kann.

**MARCO POLO Redaktion • MAIRDUMONT • Postfach 31 51
73751 Ostfildern • info@marcopolo.de**

Impressum
Titelbild: Pfahlhaus am Strand, St. Peter-Ording (Huber-images: Ch. Bäck)
Fotos: AWL Images Ltd.: N. Eisele-Hein (22/23); DuMont Bildarchiv: K.-H. Raach (85); Huber-images: Ch. Bäck (6/7), G. Gräfenhain (2/3), H.-P. Huber (43), H.-P. Merten (Klappe hinten); laif: M. Amme (114), J. Arlt (104), E. Häberle (31), E. Haeberle (78), G. Haenel (46, 49), S. Henkelmann (8), Ch. Kerber (26/27), J. Modrow (32/33), Raach (9, Laif: Raach (11); laif: C. Zahn (63, 82); lookphotos: U. Böttcher (66/67, 97, 106/107), K. Johaentges (80), S. Lubenow (14/15, 20, 69), H. Wohner (108, 127); mauritius images: Ch. Bäck (34, 70/71), I. Boelter (18, 86/87), Diederich (130/131), P. Lehner (30/31), U. Siebig (38/39, 51, 54/55, 64, 132), U. Steffens (94); mauritius images/Alamy: I. Buriak (77), M. Gottschalk (92), M. Heyens (44/45); mauritius images/Alamy/Kuttig - Travel – 2 (52); mauritius images/Alamy/Zoonar: V. Rauch (98); mauritius images/Blume Bild (24/25); mauritius images/Imagebroker (12/13, 27); mauritius images/imagebroker (35); mauritius images/Imagebroker (109, 110/111, 118, 124/125); mauritius images/imagebroker: S. Lubenow (28); mauritius images/robertharding: H.-P. Merten (103); mauritius images/Westend61: J. Mänz (10), R. Richter (116/117); picture-alliance/dpa: D. Reinhardt (100), W. Runge (60); A. M. Schuppius (135); vario images/McPhoto (112); Visum: W. Steche (Klappe vorne außen, Klappe vorne innen)

13. Auflage 2020, komplett überarbeitet und neu gestaltet

Autor: Andreas Bormann, Arnd M. Schuppius
Redaktion: Ulrike Frühwald
Bildredaktion: Barbara Mehrl
Kartografie: © MAIRDUMONT, Ostfildern (S. 36–37, 118, 120, 122, Umschlag außen, Faltkarte);
© MAIRDUMONT, Ostfildern, unter Verwendung von Kartendaten von OpenStreetMap, Lizenz CC-BY-SA 2.0 (S. 40–41, 56–57, 59, 72–73, 75, 88–89, 91)
Als touristischer Verlag stellen wir bei den Karten nur den De-facto-Stand dar. Dieser kann von der völkerrechtlichen Lage abweichen und ist völlig wertungsfrei.
Gestaltung Cover, Umschlag und Faltkartencover: bilekjaeger_Kreativagentur mit Zukunftswerkstatt, Stuttgart;
Gestaltung Innenlayout: Langenstein Communication GmbH, Ludwigsburg;
Texte hintere Umschlagklappe: Lucia Rojas;
Konzept Coverlines: Jutta Metzer, bessere-texte.de
Printed in Poland

MIX
Paper from responsible sources
FSC® C018236

MARCO POLO AUTOR
ARND M. SCHUPPIUS
Mitte der 60er auf dem Rücksitz von Opas Auto nach Dagebüll zur Überfahrt nach Föhr, in den 70ern mit dem Käfer nach Rømø und mit der Fähre rüber nach Sylt – so fing es an mit der Liebe zum weiten Land an der Westküste. Heute lebt der gebürtige Hamburger da, wo er früher Urlaub machte, und Fährfahrten gehören zum Alltag – meist mit der Burger Fähre über den Nord-Ostsee-Kanal.

BLOSS NICHT!

DAMIT DU AN DER KÜSTE KEINEN KRACH KRIEGST

MÖWEN FÜTTERN

Immer mehr Möwen spezialisieren sich auf Häppchen aus Touristenhänden. Die gierigen großen Vögel gehen dabei äußerst dreist vor und erschrecken beim Tiefflug vor allem Kinder und kacken die Promenaden voll.

UMRÜHREN

Die Sahnehaube ziert nicht nur Pharisäer und Tote Tante, sie hält auch die Wärme des Getränks. Die kühle Sahne an der Oberlippe, auf der Zunge die heiße Flüssigkeit inklusive Prozente, das ist der Genuss.

PLATT SPRECHEN

Wenn du es nicht beherrschst, versuch es gar nicht erst. Eine Ausnahme ist der Gruß „Moin", bei dem du wenig falsch machen kannst. Alle anderen Versuche werden von den Einheimischen eher als „platte" Anbiederung belächelt. Verstehst du was nicht, frag: Die Küstenbewohner übersetzen dir gern die plattdeutschen Wörter.

HUNDE VON DER LEINE LASSEN

Bodenbrütende Vögel, die ihr Gelege verlassen, Schafe und Lämmer, die in Gräben stürzen oder sich in Zäunen verfangen – das können die Folgen sein, wenn du dort, wo es verboten ist, deinen Hund von der Leine lässt.

SCHWARZSITZEN IM STRANDKORB

Du fragst dich: Warum soll ich zahlen? Du willst doch nur ein paar Minuten verschnaufen. Außerdem sind viele Körbe leer. Du wagst es, drehst den Korb aus dem Wind und genießt. Und kannst sicher sein: In der Saison wirst du ertappt!